cabeza que en ellos podía encontrar alguna de las claves que revelasen algo sobre la misteriosa infancia gallega del abuelo Nicasio.

Pasé las páginas hasta que di de nuevo con los terribles versos de los segadores; procedían de un libro titulado *Cantares gallegos*, publicado hacía unos ciento cincuenta años. Necesitaba recabar información sobre los antecedentes de ese poema que había inspirado tanta rabia a Rosalía.

Tirando del hilo encontré docenas de vídeos en YouTube con poemas de Rosalía, acompañados de los más variados estilos musicales: jazz, pop, folk e incluso rap. Una tarde, mientras escuchaba una de estas versiones en el ordenador, mi madre entró en la habitación.

—Cada día que pasa me sorprendes más —me dijo al escuchar la versión del poema «Negra sombra» cantada por una coral.

Giré la cabeza y sonreí.

—¿Sabías que esa es precisamente una de mis canciones favoritas? —comentó.

—Sí, es muy chula, pero no acabo de entender a qué se refiere esa negra sombra del poema.

—Lo extraordinario del poema es precisamente eso. Para cada lector esa sombra es algo distinto. La soledad, el desamor, la tristeza... ¿Para ti qué es?

—No lo sé muy bien... —le mentí.

—Ya lo descubrirás. Eres muy joven aún.

—¿Y para ti? La negra sombra, ¿qué es?

—Ahora tengo prisa —contestó rehuyendo la pregunta y cambiando el gesto—. Voy a salir a hacer unos recados. Vuelvo en un par de horas. Adiós.

Se marchó y yo me quedé allí oyendo la canción. La negra sombra, para mí, era la misteriosa infancia del

—¿Por qué?

—Rosalía es una de mis poetas favoritas. ¿Sabías que esos versos no son de ella?

—¿No?

—No, son del pueblo. Un cantar muy conocido de aquella época.

—¿Tienes libros suyos?

—Si husmeases más en la biblioteca de casa y sacases las narices de la consola y del ordenador, lo sabrías —me recriminó mi padre.

—Pero si tú no sabes gallego...

—Algo sé, y no es muy complejo de entender. Además, tengo una edición bilingüe —comentó mi madre, levantándose y saliendo de la cocina.

No tardó en volver del salón con un grueso volumen que dejó sobre la mesa.

—Aquí tienes: la poesía completa de Rosalía de Castro, tanto en gallego como en castellano. A tu abuelo le gusta mucho. Antes sabía ese poema de memoria, pero ahora... —añadió con cierta tristeza.

Terminé de comer a toda prisa, cogí el libro y me fui derecho a mi cuarto. Sentía verdadera inquietud por abrir sus páginas.

—Este chaval o está enfermo o enamorado —escuché comentar a mi padre.

—No te rías, hace meses que me preocupa ese estado de indolencia en el que se encuentra —le recriminó mi madre.

No me identifiqué mucho con el libro de Rosalía de Castro, pero sus versos resultaban hermosos a veces y combativos otras. Al leerlos sentía algo en las tripas: malestar o incomodidad. Además, se me había metido en la

—[illegible] tuve infa[illegible] Ha pasado mucho tiempo. No recuerdo nada.

—A mí me encantaría saber de dónde procedo —comentó mamá.

—¡De dónde vas a proceder sino de tu madre!

Por conversaciones como aquella, suponía que la historia del manojo de perejil debía tener su raíz en Galicia, así que comencé a indagar en internet sin mucho resultado. Yo no sabía gallego, excepto algunas hermosas palabras sueltas que había aprendido del abuelo: *agarimo, folerpa, morriña...*, términos que formaban parte del vocabulario familiar.

Investigando por la red descubrí un poema de Rosalía de Castro, una poeta del siglo XIX a quien todos los gallegos reverencian como una santa, que me dejó impresionado. Me pareció muy duro, pues hablaba de los segadores gallegos que venían a trabajar a Castilla todos los veranos y eran tratados como esclavos. Los cuatro versos que abrían y cerraban el poema se me quedaron grabados en la memoria:

Castellanos de Castilla,
tratade ben os gallegos;
cando van, van como rosas,
cando vén, vén como negros.

Un sábado, comiendo con mis padres, se los recité a la mesa y los dos se quedaron boquiabiertos, mirándome con los ojos como platos.

—¿Qué pasa? —les pregunté un poco intimidado.

—Nada, estoy maravillada —me dijo mi madre con emoción.

Su actitud me confirmó que mis sospechas no podían ser infundadas. Algo se ocultaba tras el manojo de perejil del abuelo Nicasio. Algo que debía resguardarse de las miradas indiscretas. Algo vergonzoso o incluso trágico.

La información que tenía sobre los años de juventud del abuelo Nicasio no llegaba ni a un breve telegrama. Había venido de Galicia, eso era todo. De qué pueblo o lugar era otro misterio.

El relato oficial de la familia decía que llegó a Madrid siendo un muchacho, pocos meses antes de que estallase la guerra civil; al terminar esta, se casó con la abuela Matilde y, tras trabajar muchos años en la capital, acabaron por montar un pequeño negocio de suministros agrícolas en Manzanares, lugar de nacimiento de la abuela. Punto final. Nada más sabía de sus orígenes gallegos ni de su familia. Al parecer, había quedado huérfano y por únicos parientes tenía unos primos lejanos. Sus raíces se habían perdido para siempre en el tumulto de la guerra. En su carné de identidad ni siquiera se recogían los verdaderos nombres de sus padres ni su lugar de nacimiento. Incluso, por lo que llegué a escuchar, había tenido problemas para arreglar el papeleo de la pensión cuando llegó el momento de su jubilación.

Nunca regresó a su tierra, pese a la insistencia de mi madre y de los demás para que volviese un verano y recuperase sus raíces y las de toda la familia.

—Podríamos aprovechar y hacer un tramo del Camino de Santiago todos juntos —le había sugerido mi madre.

—Yo ya estoy muy viejo —gruñó.

—Tú no, papá. Tú irías en coche.

—Sí. Y podrías mostrarnos los lugares de tu infancia —añadió mi tío Ramiro.

colección alandar

Días azules, sol de la infancia

Marcos Calveiro

Traducido por:
Carmen Cabaleiro Fernández

EDELVIVES

Dirección editorial:
Departamento de Literatura GE

Dirección de arte:
Departamento de Diseño GE

Diseño de la colección:
Manuel Estrada

Fotografía de cubierta:
Shutterstock

Impresión:
Edelvives Talleres Gráficos. Certificado ISO 9001
Impreso en Zaragoza, España

ISBN: 978-84-140-0633-7
Depósito legal: Z 1754-2016

El 0,7% de la venta de este libro se destina a proyectos de desarrollo de la ONGD SED (www.sed-ongd.org).

FICHA PARA BIBLIOTECAS

CALVEIRO, Marcos S. (1968–)
Días azules, sol de la infancia / Marcos S. Calveiro ; traducción, Carmen Cabaleiro Fernández. – 1ª ed. – [Zaragoza] : Edelvives, 2017
189 p. ; 22 cm. – (Alandar ; 161)
ISBN 978-84-140-0633-7
1. España-Historia-1936-1939 (Guerra civil). 2. Emigrantes. 3. Cine. 4. Jiménez, Juan Ramómn. I. Título. II. Serie.
087.5:821.134.4-3"19"

Se empieza por el olvido y se termina en la indiferencia

José Saramago

Somos víctimas del silencio de nuestros padres
y responsables de la ignorancia de nuestros hijos

Dulce Chacón

UNA SENTENCIA MISTERIOSA

Todo comenzó con un manojo de perejil; con un manojo de perejil y con mi aburrimiento. Una extraña sensación de hastío se había extendido como una enfermedad en mi interior y se había apoderado de mí desde hacía meses. Ya nada me entretenía, ni siquiera los videojuegos o las películas y series de televisión. Fue por eso, creo yo, por lo que me obsesioné con aquella historia del perejil. En ella buscaba un antídoto contra aquella pereza que me invadía y que me había hecho aborrecer casi todo aquello que antes me gustaba.

Ese manojo de perejil fue la pista que me obligó a dar inicio a mis pesquisas y meterme en una aventura que me depararía muchas sorpresas.

Mi abuelo Nicasio había contado siempre que el mejor regalo que le habían hecho en toda su vida fue un manojo de esa planta. Desde muy niño le había escuchado esa enigmática frase cientos de veces. En ocasiones, dirigida a mí; en otras, a alguno de mis primos o a cualquiera de los niños de la familia, muchos y traviesos, sobre todo alguno de sus bisnietos.

—El mejor regalo que me han hecho en toda mi vida fue un manojo de perejil —sentenciaba con su voz grave y solemne.

Nosotros, los niños, lo mirábamos con incredulidad. Considerábamos esa idea como la locura de un viejo, pues nada podía haber de extraordinario en un simple ramillete de perejil. En la huerta de su casa, junto al cobertizo, crecían cientos de matas de la planta. Por contra, los adultos, padres, madres, tíos y tías sonreían con un gesto de complicidad al escucharlo y movían la cabeza de arriba abajo como dándole la razón. Como si en aquella extraña frase se escondiese un gran secreto que a nosotros, por edad, aún no se nos había revelado.

El abuelo Nicasio jamás dio más explicaciones. Era un hombre reservado, serio, de pocas palabras y abundantes miradas y silencios. Hacía tiempo que había enviudado de la abuela Matilde, a la que no llegué a conocer. Tal circunstancia, decían, le había agriado el carácter. Su mal genio nos intimidaba; a mí sobre todo.

Después fui creciendo y el abuelo envejeció aún más. El tiempo avanzó a grandes zancadas para los dos. Yo terminé la primaria y empecé el instituto. Él tuvo que dejar su casa de Manzanares, en la que había pasado prácticamente toda su vida, y venirse a Madrid, a casa de mi tía Amalia. Las visitas se fueron espaciando. Nos reuníamos algún día por Navidad, en su cumpleaños o en verano, por las fiestas patronales, cuando regresábamos todos al pueblo y abríamos por un día la que había sido la casa de los abuelos.

Yo casi había olvidado lo del perejil, pero el abuelo, cada vez más fatigado y marchito, repetía su frase en cada visita.

—El mejor regalo que me han hecho en toda mi vida fue un manojo de perejil.

No decía nada más. Un día, decidí preguntarle a mi madre por su significado.

—Pues, si te digo la verdad, no lo sé muy bien —me contestó.

—Pero ¿qué es?

—Supongo que una frase hecha, un dicho.

—¿Y es muy antiguo?

—Imagino que sí. Yo llevo oyéndosela toda la vida, como tú.

—Ya, pero ahora casi no habla.

—Sí, mucho menos. Cosas de la edad.

—Claro, claro —repetí buscando su complicidad.

—Cuando erais más pequeños, la usaba a diario contigo o con tus primos. Cuando en alguna reunión familiar alguno de vosotros cogía una rabieta, dictaminaba...

—«El mejor regalo que me han hecho en toda mi vida fue un manojo de perejil» —interrumpí imitando la voz del abuelo, a lo que mi madre sonrió.

—A mí también me la decía de niña, no creas. Y a tu tío Ramiro, que era un trasto terrible, más. Cuando la soltaba, lo mejor era salirse de en medio, porque sabíamos que se estaba enfadando por algo que habíamos hecho.

—¿No tiene otra explicación?

—Pues no. ¿Qué creías?

—No sé...

Acepté su interpretación de mala gana. No entendía por qué el manojo debía ser precisamente de perejil, sobre todo porque tenía alguna utilidad, como condimento en las comidas. Pensaba que, para que la expresión tuviese más sentido, mejor sería decir un manojo de zarzas o de ortigas, que nada valían y provocaban escozor. Y percibí cierto nerviosismo en mi madre, como si quisiese acabar con el asunto enseguida. Como si le incomodase hablar del tema. Todo resultaba misterioso, o a mí me lo pareció.

A mis dudas se sumaba el carácter callado del abuelo, ahora agravado con los años, y que fuese precisamente el perejil lo único que lo sacaba de su ensimismamiento cuando lo visitábamos. De no ser por esa vieja frase, ni la voz le escucharíamos. No era un mal abuelo, pero casi siempre permanecía ausente. Yo suponía, por otra parte, que su silencio era común a casi todos los abuelos que se habían hecho ancianos como él: pronto cumpliría noventa y tres años.

Ante la falta de respuestas, tomé la decisión de acudir a mi padre; su habitual despiste podía resultar en este caso mi mejor aliado. No fue así, pero él, por lo menos, me abrió un poco los ojos.

—Papá, quería preguntarte por el abuelo.

—¿Qué sucede?

—Es por la frase esa que dice siempre.

—¿Qué frase?

—La del perejil.

—Eso debes hablarlo con tu madre —se excusó.

—Pero...

—No hay peros que valgan. Es ella quien te lo debe explicar. Yo no quiero entrar en los líos de la familia —me cortó con gravedad.

abuelo. Llevaba varios días escuchándola y no había llegado a ninguna conclusión.

Me tiré en la cama mientras la música sonaba en el ordenador. Pensé que me encontraba en un callejón sin salida y que la negra sombra del pasado del abuelo Nicasio no me abandonaría jamás. En esas estaba cuando escuché los versos de Rosalía en la voz frágil e inocente de una chica. Me quedé cautivado. Miré la pantalla del portátil y la descubrí. De pelo moreno, llevaba una pañoleta en la cabeza y una camiseta que dejaba uno de sus hombros al descubierto. Me pareció irresistible. Pulsé el *play* una y otra vez para no perder detalle del vídeo. Tendría 16 o 17 años y llevaba las uñas pintadas de violeta con puntitos blancos. Tocaba la guitarra y cantaba sentada en la cama, y tras ella, en la pared, había pegadas unas notas musicales de vinilo. En la mesilla se amontonaban coloridas figuritas que no identificaba y, al fondo, pegadas en un espejo, se amontonaban varias fotos. No se veían con suficiente nitidez, pero todas parecían de grupo, por lo que me sorprendí pensando que quizá no tuviese novio. Estaba atontado.

Busqué más vídeos en su canal de YouTube, que titulaba con un nombre de usuaria que nada me decía, una extraña combinación de letras y números: GLA96. Había subido veintiséis vídeos en los dos últimos años. En ellos cantaba temas de moda acompañada siempre de su guitarra. Casi siempre tocaba en su habitación, y algunos otros los había grabado en el salón de lo que debía ser su casa. Las únicas excepciones en su repertorio eran «Negra Sombra», de Rosalía, y otra canción más en gallego, «Notas necrolóxicas», de un tal Luis Emilio Batallán, muy hermosa también, que resultó ser una adaptación de otro poeta gallego, Celso Emilio Ferreiro, del que yo poco o nada sabía.

En el canal de la chica figuraba el enlace a su cuenta de Twitter. Pinché en él y descubrí sus datos: se llamaba Gala, igual que la hija más longeva de Rosalía, y vivía en Santiago. Pensé que no podía ser casualidad, y en un arrebato decidí contactar con ella, pensando que podría ayudarme y algo más... La seguí y le mandé un mensaje desde mi cuenta, que apenas empleaba.

Los días pasaron y no respondía. Supuse que era lo normal. No nos conocíamos de nada y mi solicitud resultaba un poco extraña. No sería raro que pensase que era un loco o un viejo verde acosador de adolescentes.

En los informativos de televisión, en los últimos tiempos abundaban las noticias sobre mujeres desesperadas que buscaban a sus hijos robados en las clínicas al nacer. Las habían engañado diciéndoles que habían muerto, y con el tiempo descubrieron que sus tumbas estaban vacías. Se contaba que existía toda una red de monjas, médicos y enfermeras que habían hecho un gran negocio vendiendo a los recién nacidos. En mi caso era todo bien distinto, y mucho menos dramático. Ni siquiera buscaba a mi abuelo, sino su infancia perdida en un remoto lugar de Galicia.

Una tarde, cuando ya me había rendido, un aviso en la bandeja de entrada del correo abrió una nueva puerta. Gala había contestado a mi llamada de auxilio. Y así, por culpa de Rosalía y su poema, fue como conocí la verdadera historia de los segadores gallegos y atisbé un sendero que me llevaba a mi abuelo. Y, lo más importante, conocí a Gala. Ella me sirvió de mucha ayuda en mi aventura hacia el pasado. De no haber sido por ella, por sus ánimos y su perspicacia, no hubiese continuado ni me hubiese sacudido la pereza de encima.

Me pedía que le explicase mejor lo que necesitaba. Yo no sabía por dónde comenzar. Tan solo tenía presentimientos e intuiciones. No existía indicio alguno que me llevase a asegurar que mi abuelo había sido uno de aquellos segadores y que por eso hubiera abandonado Galicia para no volver jamás, pero tenía fija en la cabeza esa idea. No sé por qué, pero no tenía dudas.

Estuve hasta muy tarde redactando el correo que le mandaría a Gala. Tanto que, cuando mi madre vino a mi cuarto a darme las buenas noches, me riñó por estar todavía delante del ordenador. Quería que me quedase bien para despertar el interés de Gala. Se lo envié antes de acostarme, confiado en recibir respuesta suya a la mañana siguiente.

Los días fueron pasando y su respuesta no llegaba. Inquieto, repasé el texto del correo una y otra vez, intentando averiguar en qué me había equivocado. Gala tardó en contestar, pero cuando por fin lo hizo me quedé estupefacto: había trabajado de forma extraordinaria. Me comentaba que había escuchado hablar de los segadores gallegos y que al comenzar a investigar se había sentido fascinada por el asunto. Compartía conmigo varios enlaces donde podía buscar algún dato sobre mi abuelo. Uno de ellos llevaba a un documental de más de una hora sobre el tema. Y, lo mejor de todo, se despedía de mí mandándome besos.

Le respondí dándole las gracias y preguntándole alguna cosa sobre ella. Después salté de enlace en enlace buscando alguna pista de mi abuelo, hasta que descubrí una fotografía fantástica.

En una de las páginas se informaba de un homenaje que la Diputación de Ávila y la Mancomunidad de Ayuntamientos de la Comarca de La Moraña habían hecho unos años atrás a los segadores gallegos de Valdeorras. Un grupo de ellos, bien mayores, acudieron en autobús desde Ourense a una fiesta al pueblo abulense de Bercial de Zapardiel, donde incluso les dedicaron una calle: ronda de los Segadores. Se celebró una comida y hubo demostraciones de las labores típicas del campo y actuaciones de música tradicional. Con motivo del homenaje se organizó también una exposición con fotografías de la época recopiladas entre los vecinos de las villas y pueblos de los alrededores.

En una de ellas, para mi asombro, me reconocí. En la fotografía borrosa y amarillenta posaban varios hombres de rostro curtido y moreno. Entre ellos, con los ojos muy abiertos, vi un rostro casi idéntico al mío. Era mi abuelo Nicasio, no podía ser otro. En la familia, desde muy pequeño, todos me decían que yo era su vivo retrato.

De la fotografía apenas se daba información. Solo que se había hecho en las fiestas patronales de Arévalo en los años treinta. La fecha coincidía con lo poco que sabía de mi abuelo. Debió venir de Galicia como segador, y de alguna forma había llegado a Madrid antes del comienzo de la guerra civil.

Nervioso por el descubrimiento, dudé si contárselo a mi madre.

Reflexioné unos instantes. Solo poseía una fotografía y, como había leído en algún lugar, todos tenemos nuestro propio doble...

Al final me quité la idea de la cabeza y decidí comentárselo a Gala en un correo. Para que no tuviese dudas, además de la vieja foto aproveché para enviarle una mía, no una en la que me asemejaba más al abuelo, sino una en la que, según yo, salía más favorecido.

¿Y ahora qué?, pensé tras superar la emoción por el descubrimiento de la fotografía. ¿Cuál era el siguiente paso? No tenía ni la más remota idea. Encontrado ese primer hilo, tendría que tirar de él, pero no sabía en qué dirección.

Fue de nuevo Gala la que me puso en el buen camino. Contestó a mi correo con una sola frase enigmática pero muy reveladora: «Todos guardamos recuerdos». Añadió que estaba muy guapo en la foto y concluyó su mensaje con una cara sonriente.

SAN PEDRO, 1936

Bajo el pálido claro de la luna, media docena de atareados segadores mecen la hoz sin descanso y, tras ellos, tres hábiles jornaleros atan con paja las mieses, que tumban en los surcos. Les quedan todavía muchas fanegas de trabajo por delante y no tienen tiempo para enredos y bromas. Sí para cantar, que un buen cante siempre es llevadero y da más ánimos para continuar el trabajo.

Los segadores llevan apuro, pues dos días de lluvia torrencial los han obligado a permanecer en un pajar de la casa del patrón mirando con desesperación al cielo. Cada día de retraso los hombres pierden dinero, y no pueden derrochar ni un solo real de sus jornales. Su vida y la de sus familias que han quedado en Galicia dependen de su trabajo.

Pese a ser de noche, hace mucho calor, y un viento cálido recorre los trigales, aventando la paja de las gavillas.

El sonido de las afiladeras sobre las hojas de sus hoces marca el ritmo de la siega. El constante y chispeante ir y venir de la piedra por el filo concede a los ataderos un instante de descanso en su tarea. Los segadores sudan la gota gorda, y uno de ellos reclama bebida al hijo de un compañero que los ha acompañado por primera vez a la siega y que hace de sirviente para cuanto le mandan.

—¡Nicasio, vino! —grita uno mientras deja la hoz y enjuga el sudor de su frente.

El segador, impaciente y sediento, mira a su alrededor; quizá el mozo se haya quedado dormido bajo la encina en la que descansan sus fardos y junto a la que duermen todas las noches entre montones de paja, así que vuelve a insistir. El mozo no aparece por ningún sitio; no hay rastro de él.

—¿Qué pasa? —le pregunta otro jornalero abandonando la faena.

—Tu hijo, que no acude.

Domingos, el padre de Nicasio, otea las tinieblas y también lo llama. Ante las voces, todos los jornaleros, acalorados, van dejando el trabajo.

—¿Qué sucede? ¿Por qué os detenéis, gandules? —los increpa el mayoral.

—Nicasio ha desaparecido —le aclara Domingos.

—¿Cómo que ha desaparecido? —pregunta desconcertado el jefe de la cuadrilla.

Avergonzado por la situación, Domingos corre hasta la encina y se percata de inmediato: faltan la talega de su hijo y una de las botas de vino. Nicasio no ha desaparecido, se ha marchado. El hombre tiene una corazonada y va a por su fardel. Revuelve en su interior con inquietud, como si buscase algo. No tarda mucho en desistir ante la evidencia de que allí no está. Resignado, alza la vista, mira a lo lejos y le parece entrever una sombra entre las tinieblas que corretea por los campos segados saltando las mieses.

—¡Nicasio, Nicasio! —vocea el hombre con todas sus fuerzas.

Alterado por los gritos, la sombra acelera su paso.

* * *

La cuadrilla de segadores había partido a pie de su aldea en las tierras lucenses de Vilalba a mediados de mayo, pues todos conocían el dicho: «Por san Pedro, el trigo castellano quiere segador con la hoz en la mano». Se habían citado con su mayoral en la estación de tren de Ourense, donde tomarían un tren a Medina del Campo, para seguir luego hasta el apeadero segoviano de Ortigosa; desde allí, caminarían por las infinitas sernas castellanas. La cuadrilla iba con el trato cerrado; el capataz había acordado con los patrones el precio del jornal o de la fanega a segar, además de lo que cobrarían por ayudar con la cosecha de algarrobas.

La cuadrilla comenzaría con los algarrobos el Día de San Antón para un amo de Santa María de Nieva, y continuaría en los centenales de Martín Muñoz y en las sernas de trigo de Tornadizos de Arévalo antes de regresar a casa el Día de la Asunción.

Viajar con el trato cerrado era algo fundamental para no llevarse una sorpresa o acabar engañados por los amos, muchos de los cuales se comportaban con ellos de manera ultrajante. No pasaba un verano en el que en Árevalo u Ortigosa se juntase una muchedumbre de jornaleros gallegos sin trabajo y sin medios para regresar a casa.

Domingos, pese a no saber leer, guardaba como oro en paño un amarillento recorte del periódico *ABC* fechado el 19 de junio de 1924, en el que se daba cuenta de la siguiente noticia:

Los segadores gallegos piden trabajo. (Ávila). — *Ayer llegaron a Arévalo ochocientos segadores gallegos, presentándose ante el alcalde en actitud pacífica. Este se limitó a socorrerlos por no poder darles trabajo y, a continuación, se trasladó a la capital para conferenciar con el gobernador sobre la manera de conjurar el conflicto. El mandatario telegrafió a todos los alcaldes de cabeza de partido con objeto de facilitarles trabajo a los segadores y, como los antedichos alcaldes contestaron negativamente, el gobernador se puso al habla con Valladolid, acordando que fuesen enviados a esta población, para la que salieron hoy tras ser socorridos adecuadamente por el concejo de Arévalo.*

Siempre que acudía a la taberna, a la iglesia o a un velatorio, Domingos lo llevaba en el bolsillo para sacarlo y mostrárselo con orgullo a todo el mundo. Envalentonado, y a veces con unas tazas de vino de más, hablaba de aquellos hombres como si fuesen los héroes españoles del fortín de El Viso, que habían resistido durante horas las salvajes acometidas de los norteamericanos en Cuba.

—Yo fui uno de esos ochocientos, ¿sabéis? —decía con orgullo a quien quisiese escucharlo por enésima vez.

La gente lo miraba con incredulidad, y muchos, que conocían de sobra el episodio, se burlaban de él.

Nicasio se mostraba muy agradecido a aquel recorte. Gracias a él había aprendido a leer y a escribir su nombre. Fue precisamente el padre quien insistió en que acudiese a la escuela para aprender sus primeras letras. El pobre hombre, pese a que conocía de memoria el texto de la noticia, a veces olvidaba alguna palabra y no encontraba quien se lo leyese, unos porque no sabían leer y otros porque estaban hartos de oír relatar aquel suceso.

—Conjurar, conjurar —le recordaba Nicasio a su padre la palabra olvidada con el recorte entre las manos.

Otras veces no olvidaba nada, y deseaba tan solo que su hijo le leyese la noticia para deleitarse con las palabras, que masticaba de una en una como un sabroso manjar. Mientras Nicasio leía, miraba de reojo a su padre, que lo escuchaba emocionado como si oyese aquellas palabras por primera vez. Al término de la lectura, permanecía callado unos instantes.

—Aquel fue el primer año en que fui de segador, tras varios veranos de sirviente y atador —comentaba Domingos—. La primera vez que acompañé a tu abuelo no había cumplido los once años. Aún íbamos a pie. Nos juntábamos todos en Allariz y, tras cinco jornadas de caminata, entrábamos en Zamora y desde allí nos repartíamos por las sernas de Tierra de Campos o de la comarca de La Maroña. Trabajábamos de sol a sol, y muchas veces, si la faena iba con retraso, también bajo el claro de la luna.

—¿Y yo también lo haré? —preguntó Nicasio, que en verano acompañaría a su padre a la siega.

—¡No, hombre! Esta vez iremos en tren, como señoritos —rio Domingos.

—¿Cuánto cobraré yo, padre?

—Tú, ni un real. Yo cobraré por los dos. Cuando seas atador tendrás derecho a tu jornal.

Nicasio, incomodado, dejó al padre con la palabra en la boca. No entendía por qué, si iba a trabajar como el que más, no podía cobrar. Fue en ese momento cuando empezó a crecer en su interior la impulsiva idea de no regresar y quedarse en Castilla en busca de oportunidades.

Aquellos pocos meses en la escuela de doña Balbina le habían abierto los ojos de par en par a Nicasio. Era el mayor de una numerosa clase y no tardó en aprender a deletrear. Los compañeros de su edad trabajaban ya las tierras o pastoreaban con el ganado. El empeño de su padre porque aprendiese a leer había recibido numerosas críticas, incluso en su propia familia. De los cuatro hermanos, él se convirtió en el único en asistir a la escuela.

Por su edad y su agudeza, Nicasio se ganó enseguida la confianza de doña Balbina. A diario lo dejaba a cargo de la clase mientras ella atendía empresas más urgentes, como ingerir a escondidas vasos de mistela. La maestra, que gustaba de la pereza, no llegaba más que a enseñar a los niños a silabear, y dos de las cuatro reglas. Los campesinos se contentaban con eso: al menos sus hijos no serían tan zafios y brutos como ellos.

En una de las ocasiones en las que se quedó de maestro sustituto, mientras sus compañeros silabeaban a coro, Nicasio descubrió en un cajón de la mesa de la maestra un libro con una maravillosa cubierta en la que dos mujeres conversaban con un león tumbado tras ellas. El volumen se titulaba *España en su historia*, y lo firmaba un tal S. Calleja. Doña Balbina nunca se lo había mostrado. Era un álbum colmado de estampas históricas acompañadas de breves textos. Se abría con una dedicatoria que exhortaba a los niños españoles a conocer la manera en que se había formado la patria. A continuación se sucedían las trescientas una escenas ilustradas. La última, la que cerraba el libro, representaba la jura del rey Alfonso XIII. De su real huida y de la proclamación de la República no recogía nada. Por el volumen desfilaban los personajes más sobresalientes y conocidos de la historia, y se relataban los sucesos más relevantes.

Nicasio quedó tan cautivado con el libro que por poco no se percató del regreso de la maestra y se vio obligado a esconder el libro bajo su ropa. Doña Balbina, algo afectada en sus percepciones, no advirtió la tropelía de su alumno favorito y le mostró su agradecimiento con unas palmadas en la espalda.

Nicasio no devolvió el libro a su cajón. Pensaba que no hacía mal alguno. Seguro que doña Balbina no lo echaría en falta. Lo ocultó bajo su catre y, cuando podía, se marchaba al monte o por los prados a leerlo a escondidas, lejos de miradas indiscretas. Se sentía fascinado con las vidas de aquellas páginas: reyes, princesas, guerreros, navegantes, obispos..., héroes que con su sacrificio y esfuerzo habían construido el gran país que era España. Esta resultaba ser de las pocas afirmaciones que Nicasio no compartía con su autor. Él no veía en absoluto ese gran país que allí se describía, al menos en su comarca. Los hombres y mujeres se partían el espinazo y el alma de la mañana a la noche, pero no salían de la miseria en que vivían. Quizá en otros lugares fuese un gran país, pero no en el ayuntamiento de Vilalba, el suyo. Y, por lo que Nicasio había escuchado alguna vez a arrieros y jornaleros en la taberna, en el resto del país sucedía algo semejante. El hambre y la miseria suponían una verdadera plaga, y por eso tantos gallegos, en cuanto ahorraban lo necesario para el pasaje, embarcaban en un vapor en los muelles con rumbo a países del otro lado del océano.

Para mejorar su escritura, a Nicasio le había dado por copiar palabra por palabra todos los textos del libro con un lápiz que menguaba velozmente. En una de aquellas jornadas en las que se prodigaba como un aplicado amanuense, escondido entre los matojos, fue sorprendido por un grupo de pícaros.

—Mira tú, el señorito, se cree que es mejor que nosotros.

Anticipando lo que iba a pasar, convencido de que la mejor defensa sería un buen ataque, Nicasio guardó el libro en el bolsillo y se abalanzó sobre el grupo como un toro desbocado. Su reacción provocó que la ira y el ensañamiento de los truhanes se multiplicasen y que saliese mucho peor parado.

Tras la paliza, doliente, aunque ya serenado, Nicasio fue consciente de su error. Los malnacidos, además, le habían destrozado el libro. Fue lo que más le dolió, mucho más que los golpes recibidos. Cada uno de aquellos fragmentos de papel disgregados ahora por el suelo se le clavaba como una aguja en el corazón.

Durante un rato, mientras las sombras se iban apoderando del bosque, buscó alguna página que pudiese recuperar. Encontró al menos una entera, parcialmente oculta en un aulagar, que quiso salvar aun a riesgo de espinarse las manos. No era una de sus favoritas, al contrario; las dos estampas que recogía hablaban de muertes: una, la de Zumalacárregui; la otra, la del general Pardiñas, muertos ambos en combate durante la guerra carlista. Nicasio regresó a casa con los ánimos y los hombros encogidos, rumiando la derrota y la idea de huir para siempre de aquel maldito lugar.

* * *

Nicasio apura el paso al oír los gritos de su padre a su espalda. No hay marcha atrás. No piensa volver. Su futuro está más allá de ese mar infinito de trigales que ilumina el claro de luna. Echará de menos a su madre y a sus hermanas; sin embargo, el deseo de una vida mejor que la que ha llevado, o cuando menos distinta, es mucho más fuerte que el amor y el cariño por los suyos. No quiere ser un campesino. No quiere ser un esclavo de la azada y la hoz. Sabe leer y escribir, sumar y restar, y no está dispuesto a deslomarse de sol a sol por una miseria de jornal. Añora libros con los que instruirse para que nadie se burle de él. Desea ver algo más que un labradío tras otro. Su horizonte es diferente. Quiere perderse en ese Madrid del que les ha hablado el mayoral, esa gran ciudad llena de cafés, cines, salones de baile y todo lo que uno pueda imaginar. El mundo es muy grande, tanto que en él no cabe su aldea.

Mientras corre intenta hacer memoria. Que él recuerde, en el libro *España en su historia* no aparecía ningún campesino. Con la excepción de un pastor, Viriato —el lusitano que luchó contra los romanos hasta la traición de sus propios lugartenientes—, los campesinos, los mansos, los esclavos no pasaban a la historia; solo los luchadores, aquellos que cogen su destino por los cuernos, tienen lugar en ella. Y él piensa ser uno de esos.

Pese a que en el libro se decía que todos los ciudadanos españoles conformaban una gran familia, Nicasio sabe que no es cierto. Es consciente de que el boticario, el médico, el cura o el patrón que los contrató para la siega no son de su familia, ni siquiera primos lejanos. Tampoco en la cuadrilla de segadores son todos iguales: existen hoces de primera y de segunda categoría, atadores, sirvientes como él y, por encima de unos y otros, el mayoral. Y todos cobran un salario distinto; y no se debe a que unos trabajen más que otros, pues ha comprobado que cuanto más mando y menos trabajo, mucho mayor es el salario.

No es largo el camino que le resta hasta Arévalo; el domingo anterior se dio un garbeo por allí con sus compañeros de cuadrilla, por lo que calcula que con las primeras luces del amanecer estará entrando en la villa. Sin dinero para tomar el ferrocarril a Madrid, confía en subirse a uno de los muchos camiones de mercancías que acostumbran detenerse de buena mañana en la plaza de la Constitución. Allí, en una de sus muchas tascas y figones, los chóferes toman una copita de licor con un café bien cargado para soportar las horas que quedan de conducción hasta la capital.

Perder el libro de estampas fue el detonante definitivo que impulsó a Nicasio a huir, acrecentado además al descubrir a su hermano Antón entre la pandilla de salvajes. Le llevaba un año, razón por la que debería ser él quien acudiese a la siega. Pero que Nicasio supiese leer determinó la elección de su padre.

—Te necesito aquí para que cuides de tu madre y de tus hermanas. Ahora tú serás el hombre de la casa —había justificado su decisión Domingos cuando habló con sus hijos.

Desde ese instante la inquina de Antón para con su hermano se manifestó a diario, en cualquier circunstancia, en cualquier lugar. Nicasio la asumió con gallardía hasta el día de la paliza. Ver cómo Antón comenzaba a romper con deleite las páginas de su libro resultó excesivo para él. Nicasio sabía que aquella animadversión no acabaría ahí, que a su regreso de la siega se mantendría, pues su hermano siempre había sido un rencoroso. Mejor no volver.

La mañana del día de la partida Nicasio intentó disimular. Su madre y sus hermanas los despedían por tres meses, y tanto sabía él que sería para siempre que le costó contener las emociones que lo asaltaban. Antón ni se molestó en aparecer: las cosas entre ellos habían quedado claras desde la paliza. Nicasio se integraba a la cuadrilla como sirviente, así que en su fardel tan solo llevaba una muda y algo de comida para el camino, como los atadores. Los hombres que iban de segadores, entre ellos su padre, además de la talega incluían los aperos precisos para el trabajo: dos hoces o guadañas, la piedra de afilar y los dediles de caña para proteger los dedos.

—Ten cuidado, Nicasio —le pidió su madre mientras le ajustaba la boina.

—Lo tendré, madre, no se preocupe por mí.

Nicasio y su madre se fundieron en un abrazo. Consciente de que podía ser el último, él la apretó con fuerza.

—¡Nicasio! —se quejó ella.

No estaba acostumbrada a tan excesiva muestra de afecto, ni de su hijo ni de nadie. La mayor parte de las mujeres de su tiempo eran tratadas como bestias de carga, peor incluso de lo que trataban los arrieros a sus acémilas.

Nicasio la liberó, se caló bien la boina y corrió para alcanzar a su padre. No miró atrás. No quiso. Debía mantenerse firme y evitar que los recuerdos lo ahogasen en un mar de remordimientos.

La primera parada la hicieron en una taberna de Melide para comer y comprar unos cuartillos de vino que acompañaran los víveres. Nicasio jamás había estado tan lejos de su aldea de Vilalba. Una de las cosas que más le habían maravillado de su malogrado libro de estampas era la cantidad de lugares de los que se hablaba y que habían hecho nacer en él un deseo irrefrenable de conocerlos. Así que tras una frugal comida, mientras algunos hombres sesteaban y otros jugaban a las cartas en la taberna, Nicasio dio una vuelta por la villa, curioseó los escaparates de algunos comercios y cuando se decidió a regresar con los suyos se percató de que se había perdido. Desesperado, regresó y callejeó buscando la taberna donde había quedado la cuadrilla. Resignado, decidió sentarse cerca de una fuente. Estaba ya medio adormilado cuando lo espabiló el tacto de una mano en la nuca.

—¡Estábamos buscándote, insensato! —le espetó su padre—. Muévete, vamos.

Nicasio lo siguió. Cuando se reunieron con el resto de la cuadrilla en un hermoso puente de piedra que salvaba un río a la salida de la villa, todos los hombres lo fulminaron con la mirada.

Retomaron el camino a buen ritmo, Nicasio siempre retrasado. Las burlas y risas de la mañana dejaron paso a malas caras y silencios; temían llegar tarde a la cita con el mayoral en la estación de tren y que este contratase a otros segadores. Casi había caído la noche cuando por fin entraron en el pueblo de Agolada y se refugiaron bajo unos cobertizos. Sin demasiadas esperanzas, dos de los hombres fueron a por vino, pero regresaron con las manos vacías.

—¡Habrá que comulgar con agua! —se lamentaron.

En la penumbra, los jornaleros fueron tragando las tiras resecas de tocino, los mendrugos y el queso con el agua de una fuente próxima. Para evitar cualquier encontronazo con ellos, Nicasio evitó la cena y se tumbó sobre un lecho de paja en el cobertizo más alejado. Cerró los ojos, pero tardó mucho en dormirse: la imagen de su madre y sus hermanas llorando lo asaltaba continuamente.

Al amanecer, los jornaleros dieron buena cuenta de unos chatos de aguardiente antes de proseguir la caminata. Las bromas y risas entre los compañeros, propiciadas por aquel licor del desayuno, no se hicieron esperar. El camino, sin embargo, se hizo extenuante, pues habían decidido ir de una tirada hasta Cea, deteniéndose solo de vez en cuando para beber y refrescarse. Cuando llegaron, bien entrada la tarde, Nicasio estaba destrozado. Se quitó las almadreñas con cuidado y descubrió sus calcetines agujereados y sangrientos. Tiró de ellos, apretando los dientes por el dolor, y afloraron unos pies cubiertos de rozaduras y ampollas quebradas.

—Ya te acostumbrarás. Eso ocurre las primeras veces. Lávalos mientras voy a por un poco de grasa —le ordenó Domingos.

Nicasio se acercó renqueando hasta el lavadero próximo. Se sentó en el borde y sumergió los pies en el agua, tan fría que supuso un alivio inmediato. Su padre no tardó en aparecer con la grasa y un bollo de pan. Se los entregó y desapreció sin dirigirle la palabra.

Nicasio permaneció allí con los pies a remojo mientras mordisqueaba con cierta desgana el pan. Comenzaba a temer que a aquel paso no alcanzaría la estación de Ourense ni tomaría el ferrocarril hacia Castilla. Debía resistir. Apenas quedaba ya distancia. Una jornada más y estaría en el compartimento del tren viendo pasar el paisaje desde la ventana. Como pudo, descalzo, caminó hasta el alpendre y se tiró sobre un montón de paja. Terminó el pan y se untó los pies. Pese al dolor y la inquietud, no tardó en quedarse dormido; el cansancio era un poderoso aliado.

Al día siguiente, con ayuda de su padre y algún compañero, consiguió llegar a Ourense. Al entrar en la estación, todas las penurias del viaje desaparecieron como por arte de magia. No sabía a qué atender: a los silbidos de la máquina del tren, al olor del carbón, a los viajeros que se apresuraban entre el vestíbulo y el andén, a aquellos que cargaban enormes maletas...

Tras asearse un poco en una fuente próxima, los segadores, tal y como habían acordado, se reunieron con el mayoral en la cantina de la estación. Una vez hechos los obligados saludos, brindaron con unos chatos por la buena marcha de la siega. Nicasio no quería beber. Su padre se lo ordenó con rotundidad: no brindar juntos sería un mal augurio.

—No sé yo si este chico servirá —comentó Formoso, el mayoral.

—Servirá. Yo respondo por él —sostuvo Domingos.

El capataz repartió los billetes uno por uno, excepto a Nicasio. Fue su padre quien lo recibió.

—En unas horas sale el tren —les recordó.

Algunos hombres se sentaron y pidieron otra ronda, otros dieron un paseo por la estación. Nicasio intentó escabullirse también para curiosear, pero su padre lo cogió por el pescuezo como a un conejo.

—Tú no te mueves hasta que salga el tren.

Él ni protestó; se sentó en un rincón y esperó. ¡Cuántas ganas tenía de perder de vista al viejo! Estaba harto de él, de su continua vigilancia, y también de su mansedumbre ante los que mandaban, fuese el cura, el mayoral o el patrón. Con la rabia metida en el cuerpo, Nicasio dormitó unos minutos hasta un nuevo aviso del padre, momento en que se desperezó, cogió su petate y siguió a los segadores, que enfilaban el andén abarrotado de hombres y mozos como ellos, con sus hoces y talegas a la espalda. Todos llevaban el mismo destino y todos, también, procedían del mismo lugar: de la miseria y la escasez de sus aldeas. No había un rostro que no se mostrase demudado: los más viejos porque conocían el sufrimiento que les esperaba en los campos castellanos; los más jóvenes por la inquietud que les producía lo ignorado.

La cuadrilla de Formoso corrió hacia un vagón para ocupar un compartimento. Si uno no andaba ligero, podía pasarse todo el viaje de pie en el pasillo, y eran muchas horas de traqueteo hasta llegar al destino.

Los segadores se apiñaron en dos estrechos bancos enfrentados del compartimento de segunda. A Nicasio no le quedó más opción que permanecer en cuclillas a sus pies. Mientras el tren no partía, las ventanillas permanecieron cerradas: los hombres no tenían de quien despedirse, nadie había acudido a llorarlos al andén. Tan humildes eran que ni para aquellas horas de adioses y despedidas les alcanzaba.

En cuanto la máquina silbó y el factor le dio la salida con su banderola, Nicasio pegó la nariz al cristal y contempló ensimismado el paisaje que se iba sucediendo, quizá a la misma velocidad que las imágenes de ese cine que nunca había pisado y del que tanto había escuchado hablar. Un intenso olor a chorizo y queso se extendió por los vagones, y el vino dio paso a bromas y carcajadas cohibidas. Poco a poco, con la emoción de su primer viaje en tren, Nicasio se fue adormeciendo, acunado por el monótono tintinear de las hojas de las hoces de los segadores, amontonadas en los estantes de equipajes.

* * *

A Nicasio el camino se le hace más largo de lo que imaginaba. Nota en las piernas y en los riñones el cansancio del duro trabajo de los días previos. Pese al generoso claro de luna que lo acompaña, se pierde en el laberinto de gavillas y trigales que la siega convirtió en una llanura inabarcable y espectral. Solo de vez en cuando, una solitaria encina, un pozo seco o una noria abandonada le marcan el rumbo en la rosa de tinieblas por la que se guía casi a ciegas.

Sediento y agotado, decide hacer un alto y dar un último trago de la bota de vino. Durante el día, las veredas entre fincas son más fáciles de seguir y parecen más cortas que ahora. Con cierta inquietud, escudriña en todas las direcciones, buscando la luz de un faro que le marque el rumbo acertado. Comienza a desesperarse y teme quedarse aquí, perdido para siempre, igual que un náufrago en medio del mar. A lo lejos atisba una gran mancha parduzca que interrumpe la llanura. Abandona la bota y, ansioso, retoma la marcha. Al llegar a ella descubre que se trata de un espeso pinar poblado de gruesos pinos con los troncos marcados de sangrarlos para extraer su resina.

Unos nubarrones inesperados ocultan la luna. Nicasio decide detenerse de nuevo ante el temor de golpearse con una rama o una raíz. Revuelve en su petate y saca el recorte del periódico. No sabe bien por qué se lo robó a su padre, al igual que uno de sus dediles de caña. Sabe que, cuando lo descubra, el viejo se disgustará mucho. No lo ha hecho por vengarse; el pobre hombre, uno más entre los miles de mansos esclavos, no tiene culpa alguna. Quizá lo haya robado para tener un recuerdo, un eslabón que lo una a aquello que ha abandonado para siempre. Sabe que ese pedazo de papel es ya lo único que le vincula a su familia, a su pasado y a su tierra. Ante él se extiende un futuro por el que tendrá que luchar sin la compañía de los suyos. Él es el capitán de su barco y debe coger el timón con firmeza.

Al menos en el horizonte comienza a amanecer, y eso hace que Nicasio vea las cosas con más claridad. El intenso arrebol transforma los nubarrones en llamas gigantes que oscilan con la brisa de la mañana. Los chotacabras cantan por última vez antes de regresar con sus barrigas llenas a sus guaridas para una merecida siesta.

El eco de unas campanadas lejanas espanta las cuitas de Nicasio y las bandadas de cuervos alzan el vuelo, consumiéndose en el cielo incandescente.

Se pone a andar en dirección a ese campanario que no ve y que sabe que está allí, tras el pinar: un faro que lo guiará hasta ese puerto de secano donde iniciar de verdad esa travesía que anhela desde que partió de Galicia.

Entre la infinita llanura dorada de mieses, Arévalo destacaba como una isla verde, flanqueada por los alisos y abedules de la ribera de los ríos Arevalillo y Adaja, que se abrazan hasta juntarse jugueteando en su extremo norte, bajo la sombra de un castillo desmoronado. Una buena villa plantada en medio de la nada.

Tan solo unos días antes, la cuadrilla había tenido allí una jornada de descanso. Se celebraban las fiestas patronales, y todos los segadores, con Formoso al frente, acudieron a la villa. Nicasio se maravilló con el castillo y, de repente, recordó una de sus estampas, titulada «Juventud de la reina Isabel la Católica en Arévalo». Todo comenzaba a cuadrar: aquella había sido una villa real de las de rancio abolengo. Pese a no tener ni un mísero patacón en los bolsillos, Nicasio no tardó en ganar unas pocas monedas que al menos le alcanzarían para gastar en los puestos de la fiesta.

Los segadores acostumbraban a buscar en las villas algún escribiente que los ayudase a enviar unas letras a sus familias. Como tampoco poseían mucha facundia ni confianza, todas las misivas resultaban prácticamente iguales, llenas de frases hechas y lugares comunes escritos con rebuscada caligrafía. Los hombres lo sabían, pero no les quedaba más solución que pagarlas. En los papeles solo iba su firma, en el caso de aquellos que sabían hacerla. Al escuchar sus quejas, Nicasio se ofreció solícito a escribirles las cartas:

—¿Tú? —preguntó despectivo un segador a Nicasio.

—¡Oye, menos desprecios, que mi hijo ha tenido escuela! ¡Sabe leer y escribir mejor que el Catón ese! —intervino Domingos en su defensa.

Para ganarse la confianza de los segadores, Nicasio comenzó a hablarles de sus familias, a las que conocía de sobra. Los hombres, invadidos por la nostalgia que provocaba las palabras de Nicasio, languidecieron, lo que le hizo pensar que había fracasado. Se equivocaba, y así, al poco de llegar, se convirtió en el escribiente de los hombres de la cuadrilla, y sus cartas alcanzaron un gran éxito bien lejos, cuando eran leídas con dificultad a la luz de una vela en la aldea.

En la villa, en la llamada plaza del Arrabal, se había instalado un coso construido con cientos de maderos espetados en la tierra seca y parduzca. A su alrededor instalaron unos tablados y gradas para el numeroso público, y también se veía a gente encaramada en carros.

Los mozos atestaban la arena aguardando expectantes. Nicasio, con los ojos bien abiertos, no perdía puntada de lo que veía. Cuando el portalón sito en un extremo del coso se abrió de improviso y surgió un enorme toro negro bufando, el forastero se sobresaltó. Los mozos comenzaron a huir de las acometidas de la bestia. Los más arrojados iban a su encuentro y lo sorteaban en el último instante, a un solo palmo de sus astas afiladas.

—¿Son segadores? —les preguntó atildado un hombre con terno y bigotito que se acercó a ellos.

—Somos —respondió Formoso con desconfianza.

—¿Podría tomarles una fotografía? —les pidió el hombre con amaneramiento—. Soy vecino de esta villa y un modesto aficionado al arte de Daguerre.

Formoso, los segadores y Nicasio pusieron cara de tontos, no sabían de qué diablos les hablaba aquel relamido.

—Miren —dijo mostrándoles una caja negra de cuero.

Ellos seguían sin comprender, por lo que el fotógrafo *amateur* tuvo que explicarse.

—Entiendo su asombro. Una magnífica cámara Zeiss Box Tengor como esta no se ve todos los días. Si se quedan así como están unos momentos, se la tomo.

Los segadores no sabían muy bien qué hacer y permanecieron quietos. Pocos de ellos habían posado alguna vez para un fotógrafo.

Tras hacerse la fotografía, Formoso habló con el hombre, que le explicó dónde vivía, por si querían recoger una copia de la instantánea pasados unos días.

Después del inesperado posado fotográfico, los segadores decidieron quedarse a ver el espectáculo. Nicasio, por su parte, pasado el pasmo inicial, prefirió explorar en busca de otras maravillas que hubiese por el pueblo.

Deambuló sin rumbo por las calles hasta terminar en otra plaza con algunos puestos y atracciones: un carrusel en el que los niños cabalgaban en caballitos bajo la atenta mirada de sus madres, unas barcas que se balanceaban arriba y abajo como si de un momento a otro fuesen a salir navegando por el cielo. Al fondo, sobre una tarima, una banda de escasos músicos tocaba sincopados pasodobles para algunos viejos bailarines desganados. Nervioso ante tanta novedad, Nicasio no sabía dónde detenerse e iba de un lado a otro sin control. Captaba un detalle aquí, encontraba el siguiente allá y perdía otro más allá, sin poder componer la escena con todos sus elementos, como si los ojos se le fuesen a salir de las cuencas, disparados igual que los cohetes que explotaban en el cielo. De algunas tascas y bodegas se escapaba un sabroso aroma a lechón asado que inundaba toda la plaza.

De repente, la embocadura de la calle por la que había llegado vomitó una muchedumbre que enseguida asaltó puestos y atracciones. Los toros habían terminado y todo el mundo buscaba diversión.

Hambriento, Nicasio decidió regresar y buscar a su padre y a sus compañeros en el arrabal. A causa del gentío, le costó llegar, como si nadase a contracorriente. La plaza, casi vacía, no parecía la misma. En ese instante descubrió bajo los soportales, frente a una taberna, un carrito blanco atendido por dos jóvenes con mandil.

Se aproximó con curiosidad y vio cómo una de ellas servía una masa que sacaba del interior del carro con una extraña cuchara y la ponía sobre un barquillo con forma de cono. La otra joven se encargaba de mantener a raya al enjambre de niños que zumbaban como moscones a su alrededor, ansiosos de uno de aquellos dulces. Nicasio jamás había visto nada igual.

—¿Me sirve uno? —le pidió a la joven.

—¿Tienes dinero? —preguntó ella al ver su aspecto descuidado.

Ofendido, Nicasio echó mano al bolsillo, sacó unas monedas y las hizo tintinear sobre su palma de uñas negras.

—¿Qué sabor quieres?

—Pues no lo sé.

—Los tenemos muy variados —sonrió ella ante su indecisión.

—Póngame el que a usted más le guste.

Nicasio le pagó y cogió el cornete con la bola de crema marrón encima.

—Es de chocolate —comentó la joven dándole la vuelta.

Él, temeroso, lo aproximó a la boca con cierta timidez y le dio un mordisco. Sobresaltado tras hincar sus dientes en aquel dulce tan gélido, dejó caer el cornete y escupió el helado. Unos niños endomingados que no le quitaban ojo rompieron a reír a carcajadas.

—¡Será paleto! —soltó el mayor de ellos.

—Gallego tenía que ser...

Avergonzado y rabioso, Nicasio apretó los puños y se abalanzó sobre ellos. Pronto se formó un tumulto de patadas, puñetazos, arañazos y mordiscos en el que llevaba todas las de perder. Las heladeras les gritaron para que lo dejasen, pero los contendientes no hicieron caso alguno. La aparición de Formoso y los segadores lo salvó de una paliza mayor.

—¡Soltadlo, gañanes! —gritó Domingos.

Los niños huyeron como un rebaño asustado por los aullidos del lobo. Nicasio parecía un eccehomo: sangraba por la nariz, tenía un hematoma en la mejilla y le habían arrancado un mechón de pelo.

—Llévelo a la botica. No queda muy lejos —recomendó una de las jóvenes señalando con el dedo al otro extremo de la plaza—. Yo iré a dar aviso al señor boticario.

El padre cogió a Nicasio por los brazos y lo levantó.

—Toma, para las curas... —Formoso le entregó a Domingos un billete de cinco pesetas—. Nosotros vamos comer a El Pavero.

Domingos arrastró a su hijo hasta la puerta de la botica, en donde comenzó a reñirle.

—¡Me vas a buscar la ruina, truhan! Tendría que haber traído a tu hermano. ¡Mala chispa te parta!

Al rato apareció el boticario, vestido de traje, corbata y sombrero.

—Espero que sea urgente, hoy es día de fiesta.

—Mil disculpas, señor, ya sabe cómo son los chicos —se justificó Domingos acercándose a él con sumisión y desprendiéndose de su gorra como si estuviese en el interior de una iglesia o ante una autoridad.

Por dentro, Nicasio echaba pestes contra su padre. Tan pronto curase de sus heridas, se marcharía. No pensaba esperar al día de cobro, como había planeado, para hacerse con fondos con los que afrontar el viaje.

Una vez recibidas las curas, Domingos y su hijo se reunieron con los compañeros en la taberna. Los segadores llevaban ya encima unas cuantas jarras de vino; gastaban los gallegos fama de buenos cantantes en la comarca de Arévalo, y los clientes solían invitarlos a unas rondas para que se arrancasen con cantos de su tierra. En su canto se apreciaba un sentimiento de honda melancolía y nostalgia que encandilaba a todos. Y así, pieza a pieza, al atardecer, cuando regresaban al pajar, iban todos balanceándose por delante del chico herido, que parecía el pastor que los guiase al redil.

Cuando Nicasio franquea el puente de la villa, el cielo ya ha clareado del todo. Con la mayor presteza, se dirige a la plaza del arrabal. Sabe que allí paran los camioneros a almorzar antes de seguir su ruta. Es muy temprano, y al llegar descubre varios camiones estacionados en la plaza.

Ignora cuáles irán en dirección a Madrid, así que entra con discreción en una de las tascas a espiar las conversaciones de los chóferes.

—Yo voy hasta Madrid. Llevo madera para una obra cerca de Cuatro Caminos —explica uno de los conductores a otro hombre mientras apura un chato de cazalla.

Nicasio sale y busca el camión de los maderos. Sin que nadie lo vea, se encarama en la parte trasera y se acomoda como puede en un hueco que encuentra entre los troncos resinosos. El camión no tarda en arrancar y por fin el deseado viaje de Nicasio comienza.

El vehículo sale del pueblo y toma la carretera polvorienta atravesando la campiña abulense.

Desde su escondite, Nicasio contempla cientos de golondrinas y vencejos que revolotean sobre los trigales segados en busca del almuerzo, que él también echa de menos.

El viaje es largo e incómodo, y se interrumpe con varias paradas. Nicasio, sin embargo, no se atreve a bajar a estirar las piernas, pues teme quedarse en tierra. Cuando comienza a ver las primeras edificaciones de los arrabales de Madrid, el cansancio le vence y se queda dormido.

De pronto, un grito amenazador le despierta.

—¿Qué haces ahí, gañán? —le pregunta un hombretón encaramado sobre los troncos con un gancho gigantesco en la mano.

Él, asustado, intenta escabullirse, pero sus piernas, entumecidas por el largo viaje, no le responden y cae de bruces desde la caja del camión. Una vez en el suelo trata de reaccionar y se levanta como puede, mientras el hombre salta tras él. Nicasio echa a correr cuando el gigante ya se le echa encima. Sale por el enrejado abierto del solar en obras y, desorientado, sigue corriendo hasta que tropieza con una muchedumbre en la acera y tiene que hacerse a un lado dejándose caer. El gentío procede del cine Europa, en la calle Bravo Murillo, en donde acaba de finalizar la sesión doble. Nicasio, exhausto, permanece sentado sin que nadie le preste atención.

Pasados esos minutos de angustia, comprende que al fin está en Madrid. Lo ha conseguido. Ha alcanzado su sueño. Siente hambre y no sabe qué va a hacer sin dinero y sin conocer a nadie, pero no se arrepiente. Sabe que si su aventura se transforma en una pesadilla, será su pesadilla y de nadie más. Y estará en su mano despertar de ella o no.

Mira a su alrededor: es como imaginaba. Una ciudad con las aceras repletas de gente yendo y viniendo con mucho apuro. Mire donde mire, la vida bulle palpitante, y siente por primera vez que forma parte de ella.

—¿Estás bien? —le pregunta un hombre cojo que se interesa por él.

—*¡Estou, ho!* —responde Nicasio a la defensiva.

—¿Eres gallego?

—*Son.*

—¡Qué casualidad, yo también! Me llamo Matías —le dice, tendiéndole la mano con toda confianza.

Nicasio duda unos instantes y termina por chocársela con fuerza mientras se levanta.

DOS VIAJES A MANZANARES

Aquella frase de Gala seguía dándome vueltas en la cabeza.

«Todos guardamos recuerdos».

Tardé unos días en saber bien a qué podría referirse. Si ella supiese de mi lentitud, me tomaría por un imbécil, así que preferí ocultar mi torpeza y no contestarle a un par de correos más que me mandó. Ni siquiera los abrí. Me sentía avergonzado.

«Todos guardamos recuerdos».

La casualidad, no mi presteza, me llevó a descubrir su significado cuando mi madre me obligó a hacer limpieza en mi cuarto después de meses de insistencia.

—Tienes que deshacerte de algunas cosas, es ley de vida.

—Pero...

—No hay peros. Tienes cosas guardadas de cuando eras un bebé.

—Está bien —claudiqué.

—Aquí tienes. Mete en ellas todo lo que no uses. Llevaré a la parroquia lo que aún sirva —añadió mientras me entregaba unas bolsas negras de basura.

Comencé la tarea de mala gana. Abrí cajones y fui metiendo en las bolsas juguetes estropeados, cómics y revistas ajados y un montón de antiguos videojuegos. A medida que lo hacía, me sorprendía al no reconocerme en aquel niño que jugaba a todas horas con ellos y coleccionaba figuras de su serie de televisión preferida. Sin embargo, sin saber muy bien por qué, casi de manera inconsciente, fui apartando algunas cosas para conservarlas. Nada demasiado voluminoso, para que mi madre no se percatase, solo algún pequeño trasto. En ese momento comprendí el significado de la frase de Gala. Fue como una llamarada. «Todos guardamos recuerdos». Efectivamente, todos lo hacíamos. Yo mismo lo estaba haciendo. Y seguro que el abuelo Nicasio también lo había hecho. De estar en algún lugar, sus recuerdos debían esconderse en su vieja casa de Manzanares.

Llevaba mucho tiempo sin ir por allí, desde aquellas bulliciosas reuniones familiares que habían dejado de celebrarse al poco de mudarse a casa de la tía Amalia aquel invierno en que cayó por la escalera y se rompió la cadera. Lo operaron y, tras la convalecencia hospitalaria, mi madre y mis tíos decidieron que no podía vivir solo. Al principio, el abuelo se resistió y volvió a su casa, testarudo como era, pero acabó cediendo. Ese mismo verano la casa del pueblo se cerró para siempre. Yo entonces desconocía el motivo, hasta que pasado el tiempo descubrí que los hermanos habían discutido: unos querían venderla y otros turnarse para pasar en ella las vacaciones. Tras muchas discusiones y enfados, decidieron cerrarla hasta que llegasen a un acuerdo. Transcurrieron varios años y así seguía: cerrada a cal y canto y habitada por los fantasmas del pasado y las arañas.

Sabía que mi madre guardaba las llaves en un cajón de su cómoda. Una tarde de sábado decidí cogérselas y acercarme a Manzanares a husmear. Me había montado una buena coartada con un amigo: me recogería en casa e iríamos al cine y a tomar una hamburguesa. Eso dije a mi madre. Sin embargo, él me acompañó a la plaza de Castilla y allí tomé un autobús.

Tardé casi una hora en llegar al pueblo y casi otra media en encontrar la casa después de dar varias vueltas por las callejuelas. Al plantarme ante ella me sentí un poco decepcionado: era mucho más pequeña de lo que recordaba, y se le notaban mucho los años de abandono y soledad. Las persianas y las ventanas estaban ennegrecidas, la pintura de la fachada toda descascarillada, y en los canalones rebosaban malas hierbas y hojas secas. De pronto fui consciente del transcurso de todos estos años. Aquella vieja casa testimoniaba el paso del tiempo, incluso de mi propio tiempo, pese a mi juventud.

Me dispuse a entrar. Pronto saldría mi autobús de regreso a Madrid y por nada del mundo podía perderlo y llegar tarde. Miré a ambos lados de la calle desierta, me acerqué a la puerta e introduje la llave. Tuve que hacer fuerza, pero finalmente abrió. Saqué una linterna de mi mochila, entré y volví a cerrar. Dentro olía a humedad y a moho. No sabía por dónde comenzar. De haber algo, estaría en el piso de arriba o en el desván. Los recuerdos resultaban algo valioso e íntimo para todo el mundo y no se guardaban en la cocina o en el comedor. Los recuerdos compartían mucho con los secretos, la reserva, el sigilo, permanecer siempre ahí, al acecho, siempre de puntillas. A los recuerdos les gustaba el silencio y la penumbra de una vieja caja de zapatos o de un cajón carcomido. A los recuerdos no les gustaba la luz, el aire fresco, darse a conocer. El suyo era el territorio de las sombras.

Subí las escaleras con cuidado, alumbrando cada escalón. Al entrar en las habitaciones sospeché que mi madre había sido la encargada de cerrar la casa. Todo permanecía meticulosamente cubierto con sábanas viejas o plásticos. Abrí uno de los cajones de la cómoda de un dormitorio: vacío. No sé ni por qué me había molestado; conociendo a mi madre, todo lo demás estaría igual. Estuve tentado de mandarle un correo desde el móvil a Gala: «Todos guardamos recuerdos, menos cuando mi madre hace limpieza».

Tan solo me quedaba el desván. Abrí la puerta que había al final del pasillo, subí los escalones y lo iluminé con la linterna: polvo y telarañas, únicamente. Defraudado, bajé al piso maldiciendo a mi madre y su obsesión con la limpieza.

Antes de marcharme, con la intención final de ver el jardín que el abuelo había cuidado con tanto esmero, salí por la puerta trasera. Aún podía escuchar su voz, gritándonos a mis primos y a mí cuando, en aquellos lejanos pícnics familiares, correteábamos por su pequeña huerta jugando a caballeros y dragones, entretenimientos que nos inspiraba el imponente castillo de la villa.

—¡Llevad cuidado con los tomates, zagales!

Mis primos hacían como que no escuchaban y seguían con sus incruentas batallas corriendo detrás de mí, a quien casi siempre tocaba apandar y cobrar de todos, de natural abusones.

Luego todo quedaba en nada. El abuelo, pese a quejarse y gritar, al final nos consentía mucho, sobre todo a mí, el más pequeño, hijo a la vez de su hija más joven, su preferida, la que había llegado a destiempo.

—Como tu madre, fuiste el último en llegar. Ya nadie contaba contigo —me había dicho alguna vez.

Abrí la puerta trasera con una de las llaves y salí al jardín, que parecía un rincón de la selva amazónica. Los cambrones lo habían devorado todo sin compasión; ni siquiera se veían los árboles frutales, y mucho menos las escenas de mi infancia. Allí no quedaba recuerdo alguno.

Mientras contemplaba aquella maraña sombría y feroz, recordé el pequeño cobertizo donde el abuelo guardaba sus aperos de agricultor. Probablemente mi madre no había entrado en él. El problema sería encontrarlo bajo aquel enmarañado zarzal. No recordaba su situación exacta, así que cogí algunas piedras y comencé a lanzarlas contra la espesura hasta que un ruido sordo me indicó que había acertado. Tomé el mango de una escoba y me abrí paso entre la jungla hasta dar con el cobertizo. Abrí la puerta con dificultad y confirmé de inmediato que mi madre no había puesto un pie allí. Aquello resultaba un gigantesco revoltijo: viejas herramientas, cajas, sacos de fertilizante, un cortacésped, chatarra... Buscar recuerdos del abuelo entre toda esa basura era casi misión imposible. Husmeé un poco y decidí irme: la hora del bus se aproximaba.

Al salir sentí que pisaba algo. Me agaché para ver de qué se trataba y olisqueé aquel aroma: entre la maleza había un claro donde crecía la planta favorita del abuelo. Pasé como pude entre las zarzas, desgarrándome una manga de la camiseta. El perejil, indómito, brotaba alrededor de unos tiestos que albergaban plantas marchitas.

Me fijé en uno con forma rectangular y más grande que el resto, y bajo la tierra seca advertí algo. Escarbé con las manos y encontré una vieja caja de hojalata oxidada. Me disponía a abrirla cuando escuché voces que provenían del frente de la casa. Metí el tesoro descubierto en la mochila y salté la tapia trasera que daba a un solar abandonado. Sin mirar atrás, eché a correr en dirección a la parada del autobús. Lo pillé por los pelos.

Durante el regreso, emocionado, no me atreví a sacar la lata de la mochila. Preferí aguardar a la soledad y seguridad de mi cuarto: se trataba de un momento especial; aquello que perseguía desde hacía tiempo podía estar en su interior. Aunque ignoraba lo que contenía, le mandé desde el móvil un correo a Gala con un breve texto: «Llevabas razón, todos guardamos recuerdos». Me fastidiaba no tener su número para *wasapear* con ella; yo le había dado el mío, pero ella continuaba comunicándose conmigo por *email*. Supuse que todavía no se fiaba del todo de mis intenciones.

Cuando el autobús pasaba a la altura del Hospital Ramón y Cajal, mi móvil sonó. Abrí el WhatsApp y descubrí su mensaje.

—Cuenta, cuenta ☺

Estaba bien guapa en la foto de su perfil. La agregué a mis contactos, le contesté y comenzamos la conversación. Le conté brevemente lo ocurrido y ella se sorprendió de mi indolencia y de que no hubiese abierto la lata. A ella la curiosidad la habría vencido, me decía.

Tan enfrascado andaba con el WhatsApp que el autobús ya había llegado a la plaza de Castilla y todos los pasajeros habían bajado.

—Qué, chaval, ¿te vas a quedar a dormir aquí? —me increpó el conductor.

Me disculpé, salí todo apurado y me despedí de Gala. Llegaba tarde a casa. Ya hablaríamos más tranquilamente.

Cuando entré en el portal y vi la hora en mi reloj, sabía que me esperaba una buena bronca de mi madre. No me importaba, lo que llevaba en la mochila compensaba cualquier enfado o castigo.

Al entrar en casa, encontré a mis padres viendo la televisión en el salón. Mi madre tenía cara de pocos amigos.

—¡Por fin! —exclamó fulminándome con la mirada.

—No me he retrasado ni media hora.

—Sabes que me da igual. En esta casa tenemos unas normas y hay que cumplirlas.

—Está bien. Lo siento.

—¿Qué tal la película? ¿Cuál era? —inquirió ella con suspicacia.

Tenía que contestar con rapidez; su penetrante mirada me intimidaba. Siempre había tenido un sexto sentido para saber cuándo mentía y pillarme en falso. En ese momento sonó el teléfono, salvador como el gong de la campana que rescata al boxeador en el ring. Mi madre lo descolgó y, a medida que escuchaba a su interlocutor, su gesto iba cambiando de la sorpresa inicial a uno más adusto.

—¿Que ha pasado? —preguntó mi padre cuando ella colgó.

—No os lo vais a creer. Alguien ha entrado en la casa de Manzanares —afirmó con inquietud.

Casi me caigo al escucharla. Me repuse e intenté disimular lo mejor posible.

—Un vecino vio a alguien merodeando por el jardín y llamó a la policía.

—¿Se sabe quién era? —preguntó mi padre, provocándome un escalofrío que me recorrió todo el cuerpo.

—La policía no encontró a nadie. Habían abierto la puerta trasera, pero no estaba forzada. Quieren que mañana me acerque por allí a comprobar si falta algo y a poner la denuncia en comisaría.

—¿Qué extraño, no? —comentó sorprendido mi padre.

—Tú crees que... —comenzó a sugerir ella antes de interrumpirse tras un gesto de mi padre—. Vete. Ya hablaremos mañana de tu retraso —me ordenó—. ¿Has cenado?

—Sí, he tomado algo a la salida del cine —le mentí.

Me sorprendió mucho que mi madre me dejase salir indemne. Jamás lo hacía. Sus castigos, siempre ejemplares, se ejecutaban de inmediato, así que me demoré en el pasillo para espiarlos.

—No pensarás que alguien de tu familia... —insinuó mi padre.

—No sé qué pensar. Es todo muy sospechoso.

—Sí, pero todos saben que la casa está vacía. Tú misma limpiaste y tiraste todo lo que no servía. Allí no queda nada de valor, todos lo saben.

—A lo mejor existe algo más.

—¿El qué? ¡No seas paranoica!

—Vale, vale. Mañana iremos hasta allí y veremos.

Tras terminar su conversación, devolví sigilosamente las llaves a la cómoda de mi madre, fui al baño y me encerré en mi habitación.

Tenía inquietud por abrir aquella maldita lata. La saqué de la mochila y la puse sobre mi escritorio. No estaba tan oxidada como pensaba. Le limpié la tierra y me quedé asombrado con lo que descubrí: se trataba de una caja de galletas Artiach, fabricada en Bilbao, pintada con unas ilustraciones costumbristas muy coloridas. En la parte superior, un grupo de niños peleaba delante de un caserío mientras un hombre intentaba separarlos. Todos iban vestidos con camisa blanca, bombachos, faja roja y boina, y además calzaban abarcas. También aparecía en escena una mujer que les ofrecía una galleta, y se leía una frase muy cómica escrita en mayúsculas, como dicha por ella: «¿A galletas andáis?... Paréis y toméis estas... ¡Que son las mejores...!». En los laterales de la caja, los niños bailaban de la mano de unas niñas al ritmo de la música que un flautista y una pandeketera tocaban sentados en una gigantesca galleta redonda Artiach María de Bilbao, por supuesto, que para eso eran las mejores.

Intenté abrir la caja, pero estaba atascada. Hice palanca con un bolígrafo y se partió. Iba a necesitar un destornillador de la caja de herramientas que teníamos en la cocina.

—¡Es hora de acostarse! —anunció mi padre golpeando con los nudillos en mi puerta.

—Ya voy. Estaba en el ordenador. —Metí la lata en la mochila y la guardé bajo mi cama.

Enojado y decepcionado por no poder ver su contenido, hice caso omiso a mi padre y decidí buscar información sobre ella, al menos la fecha en la que la habían fabricado, pues aparentaba tener muchos años.

No tardé en encontrar imágenes. Mi asombro fue total al descubrir que varias cajas como la del abuelo estaban a la venta en diversas páginas de coleccionismo. Y lo más increíble, ¡costaban entre ciento cincuenta y doscientos euros!

La caja resultó ser del año 1930, litografiada en Badalona por G. de Andreis M. E. y con ilustraciones del pintor vasco José Arrúe Valle. Busqué a continuación información sobre ese pintor, del que nada sabía. Había alcanzado fama en Euskadi antes de fallecer en 1977. Llegó a ser torero, y tres de sus hermanos también se habían dedicado a las artes. Durante los años treinta trabajó como ilustrador y dibujante de historietas en periódicos y en una revista republicana llamada *El Pionero*, en la que incluso aparecía Popeye acudiendo a España a luchar contra los fascistas. Arrúe creó para la revista un personaje de nombre Pedrochu, igualito a Tintín. Lo detuvieron durante la guerra civil, cuando intentaba llegar a Francia, y pasó años en la cárcel por su militancia republicana. Al salir se retiró a vivir a Laudio. Tras la guerra siguió pintando; eso sí, nunca volvió a dibujar historietas.

Sus cuadros eran muy hermosos y coloristas, como las ilustraciones de la lata. Casi todos representaban escenas de la vida campesina vasca: romerías, sidrerías, juegos de bolos, fiestas populares, incluso el arrastre de bueyes... Contemplarlos producía cierto desasosiego. Representaban un mundo inocente y feliz, un paraíso rural que se convirtió en infierno con la barbarie de la guerra civil.

Apagué el ordenador y puse el despertador muy temprano para poder coger las herramientas y abrir la caja antes de que mis padres se levantasen. Eran ya casi las dos de la madrugada; en ese momento decidí mandarle unos *wasaps* a Gala para contarle lo poco que había descubierto.

Tardé mucho en dormirme. Le di vueltas una y otra vez a los posibles recuerdos que el abuelo Nicasio guardaba en aquella lata oxidada por el paso del tiempo. Al despertarme a la mañana siguiente y dirigirme a la cocina, me encontré a mi madre, que ya andaba por allí preparando la comida, por lo que tuve que desistir de mi plan inicial de coger el destornillador.

—Casi no he dormido —me comentó.

—¿Por qué?

—Los nervios por lo de Manzanares.

—Ya verás como no es nada —intenté despreocuparla.

—Eso mismo dice tu padre, pero no sé yo...

—¿Desayunamos? —preguntó él, todavía en pijama.

—Yo paso. Voy a beber y me vuelvo a la cama —dije.

—No va a poder ser —me replicó ella—. Nos acompañarás a Manzanares.

—Pero había hecho planes —me quejé.

—Pues los cancelas. Es tu castigo por haber llegado tarde ayer.

No tuve más remedio que acompañarlos. Ya en el coche, no dije ni una palabra durante todo el viaje. Estaba un poco nervioso, no fuese a aparecer el vecino que había llamado a la policía y me reconociese. Le envíe unos *wasaps* a Gala contándole lo sucedido, pero no respondió. Supuse que aún estaría durmiendo.

Resultó de lo más extraño entrar con mis padres en casa del abuelo. En primer lugar, mi madre abrió contras y persianas para que la luz entrase a raudales y poder recorrerla. Tras hacerlo dos veces, llegaron a la misma conclusión.

—Está todo igual. No falta nada.

—¿Echamos un vistazo en el jardín? —propuso mi padre.

Caminamos hacia la parte trasera y, al abrir la puerta, mis padres se sorprendieron ante aquella selva. En los ojos de mi madre asomaron las lágrimas.

—Pero mujer... —le dijo mi padre dándole un abrazo.

Mi madre sollozaba sobre su hombro sin que yo comprendiese muy bien la causa. No tardó mucho en calmarse.

—Lo siento —se disculpó secando sus ojos—. Es que no puedo ver esto tan abandonado. Son muchos recuerdos.

—Si quieres buscamos a alguien para que lo desbroce todo.

Los dos se quedaron allí unos instantes abrazados sin decir nada. Únicamente miraban el horizonte. Yo hice lo mismo; dirigí mis ojos por encima del zarzal y recordé. Allí estaba, imponente, la Pedriza. Cuántas excursiones había hecho de niño con ellos recorriendo sus peñascos de formas caprichosas y sorprendentes: el Caracol, la Maza, el Yelmo, la Cara, el Dedo de Dios... Todo aquel paisaje pedregoso había alimentado muchas de mis fantasías infantiles, así como también el pequeño mar dulce del embalse de Santillana, donde había aprendido a nadar.

La vuelta a Madrid fue mucho más silenciosa que la ida. Supuse que los tres, invadidos por la nostalgia, no teníamos mucho que decirnos. Yo no acababa de comprender la extraña relación que todos teníamos con los recuerdos. Siempre pensé que la memoria se trataba de una cosa de los adultos, de cuando uno se hace mayor, y resultaba que ahora, con diecisiete años, también me ocurría a mí. De repente, los recuerdos me asaltaban, me apesadumbraban, y no sabía muy bien qué hacer. Los recuerdos se guardaban como había hecho yo y también el abuelo. Los buenos recuerdos siempre dejaban huella, aunque fuese en una caja de hojalata. Los remordimientos no, ni la culpa. Esos se llevaban por dentro y uno moría con ellos, o quizá no... Todo me resultaba muy desconcertante.

Llegamos temprano a casa, y mis padres decidieron tomar el aperitivo en una cervecería de nuestra calle antes de comer lo que mi madre había dejado preparado por la mañana. Yo me quedé en casa, con la disculpa de preparar unos ejercicios para el lunes. Cogí la caja de herramientas y me dispuse a abrir aquella maldita lata. Lo hice con cuidado, pues no quería romperla.

Cuando por fin la abrí, hallé en el interior un montón de papelorios envueltos en un plástico; el abuelo había sido previsor y los había protegido de la humedad y de los bichos. Desenvolví los papeles con precaución. Temía que se deshiciesen. A saber cuánto tiempo llevarían allí metidos. Quizá menos de lo que pensaba, a lo mejor solo desde que el abuelo se había mudado a vivir con la tía Amalia. En el fondo de la bolsa había, además, cuatro trozos de caña. Sabía bien lo que eran. Los metí en los dedos y sonreí; me quedaban justos.

Un par de papeles volaron hasta el suelo. Los recogí y los revisé. Un recorte amarillento y todo doblado del diario *ABC* que hablaba de una protesta de segadores gallegos en Arévalo en los años veinte. Esto y los dediles de caña de mis dedos confirmaban todo lo que había elucubrado alrededor de aquella vieja fotografía. No me había equivocado: aquel niño igualito a mí era el abuelo Nicasio.

El segundo papel resultó una especie de tarjeta postal antigua que me dejó descolocado. Se refería al estreno en el cine Capitol —al que yo había ido en más de una ocasión— de un filme de Charlot que me resultaba conocido.

La dejé sobre la mesa y, al disponerme a examinar el resto del contenido de la caja, escuché la puerta de entrada y la voz de mis padres. Metí todo de vuelta en la lata y la oculté bajo la cama. Seguidamente, cogí la caja de herramientas y fui a dejarla en la cocina.

Ayudé a poner la mesa y comimos. El ánimo de mis padres había mejorado y conversamos de todo un poco, nada que ver con el silencioso viaje de regreso desde Manzanares.

Aprovechando que mi madre estaba relajada, intenté sacar algo en claro sobre aquella vieja postal cinematográfica.

—Mamá, ¿al abuelo Nicasio le gustaba el cine?

—¿A qué viene eso? —preguntó mi padre, suspicaz.

—Pues no lo sé. Esta mañana en Manzanares me vino a la cabeza.

—Debió de ser de las primeras personas que compró un aparato de vídeo. Le gustaban mucho las películas de Chaplin. Cuando limpié la casa de Manzanares tiré aquel montón de cintas inservibles. Creo que tenía toda su filmografía completa.

—No lo sabía.

—Llegamos incluso a estar muy preocupados por él y hablamos con el médico.

—¿Por qué?

—La muerte de tu abuela fue un golpe muy duro para él. Creímos que había enloquecido. Se pasó días viendo una y otra vez una vieja película que ahora no recuerdo.

—Era *Tiempos modernos* —aclaró mi padre.

Al oírlo, un escalofrío me batió el cuerpo y me confirmó que estaba en el buen camino. La postal que había encontrado en la caja era justamente la de esa película.

—¿Algo más? —insistí ante aquella revelación.

—No, a no ser lo de los muchos rodajes de cine que hubo en Manzanares, sobre todo en la Pedriza y en el castillo.

—Ya, ¿y el abuelo participó en alguna como extra o algo?

—Que yo sepa, no. Pero ahora que lo dices, creo que nunca te conté lo de los colchones. Tus tíos siempre recuerdan que de pequeños habían dormido sin ellos todo un verano.

—¿Y eso?

—Sé que medio pueblo se los había alquilado por 25 pesetas al día a unos que rodaban una película de aventuras. Los empleaban para las caídas desde el castillo de los especialistas. Y tu abuelo Nicasio no se había quedado atrás. ¡Qué buen negociante era!

Aquello no guardaba relación con la postal, así que decidí acudir directamente a la fuente.

—¿Tienes alguna película de Charlot? —le pregunté a mi padre, que era muy aficionado al cine clásico—. ¿Y *Tiempos modernos*?

—Sí, ¿quieres verla? ¡Mira que es en blanco y negro y prácticamente muda!

—Me da igual.

Se levantó y se dirigió a una estantería en la que acumulaba decenas de DVD en un extraño orden que solo él entendía. No tardó ni medio minuto en encontrarla en aquel aparente caos.

—Aquí la tienes.

—¡Genial! Voy a verla en el ordenador.

Estaba impaciente por revisar el resto de los papeles de la lata, pero con mis padres en casa resultaba muy arriesgado.

La película era una de esas ediciones que vienen con los periódicos acompañada por un librito en el que se cuentan algunas cosas sobre ella. Se había estrenado en febrero del año 1936, y allí se decía que para rodar la primera escena, que se desarrollaba en una fábrica, habían tardado mes y medio. Pese a ser una comedia, el filme trataba de la explotación de los trabajadores en las fábricas, de la vida mecanizada en la que no quedaba tiempo más que para trabajar sin interrupción para los codiciosos patronos.

Incluía también una historia de amor, que me pareció demasiado ingenua, aunque pensando en lo mío con Gala...

Miré el móvil. Gala seguía desconectada. Estuve a punto de llamarla, pero no me atreví. Si no me contestaba sería por algo, así que lo dejé.

Metí el DVD en la disquetera y me dispuse a ver la película con la esperanza de que escondiese alguna otra clave sobre ese pasado del abuelo Nicasio que se me había empezado a desvelar. Los títulos de créditos se abrían con un reloj cuyas agujas avanzaban inexorables, como si me indicasen que el tiempo para mis pesquisas, por alguna razón que ignoraba, se estuviese agotando.

TIEMPOS MODERNOS

En el cartel, bajo el título de la película, la hermosa actriz rubia franquea a un inexpresivo Ronald Colman, y tras ellos una horda ardiente alza las armas al cielo bajo la sombra de una guillotina. Nicasio no les presta ninguna atención. Él solo tiene ojos para otro cartel: el que anuncia el próximo filme a estrenar, el 19 de julio, según le ha contado Matías. Está impaciente por el estreno y cuenta con los dedos los días que faltan para ver al gran Charlot en la pantalla del cine Capitol, el de las obras maestras, magnoscópica y la mayor de Europa, como reza la publicidad.

Si acaso existe alguien por encima de cualquier otra estrella del cine a quien amen todos los espectadores de Madrid, sean los más pudientes en los cines de estreno de la Gran Vía o los más humildes en las salas de barrio, es a Charles Chaplin. El salvaje *Tarzán de los monos* del nadador Johnny Weissmüller o el espabilado detective chino Charlie

Chan no le quedan muy atrás, pero si los madrileños tuviesen que escoger se quedarían sin lugar a dudas con Charlot. Nicasio puede asegurar que las aventuras de Tarzán están bien, y también los misterios de Charlie Chan, pero como Charlot no existe otro, y eso que él solo ha visto algunos de sus cortometrajes. Las contagiosas carcajadas que provoca en el público con sus divertidas pamplinas e increíbles piruetas no tienen precio. Si mañana hubiese nuevas elecciones y se presentase, sería el nuevo presidente de la República Española, y nadie lo discutiría o lo rebatiría, ni las derechas ni las izquierdas, ni la Iglesia ni el Ejército.

Desde que Matías acogió a Nicasio y lo metió a escondidas en la sala aquel primer día en que asistió a oscuras al prodigio que sucedía sobre la gran pantalla blanca a veinticuatro imágenes por segundo, el chico lo acompaña a diario cuando se encamina al cine Capitol para cumplir con su trabajo de acomodador.

A Matías le hace mucha gracia la absoluta fascinación que siente Nicasio por el cine. Para el acomodador es un trabajo más, y a fuerza de ver hasta la saciedad las películas que pasan, está un poco harto del llamado «arte de Méliès», expresión que Nicasio no deja de repetir a todas horas desde que se la escuchó.

—Yo estaría todo el día con los ojos como platos sin perder puntada —le confesó tras las primeras proyecciones.

—Eso ocurre la primera vez. Luego, cuando ya te conoces lo que va a suceder, tú me dirás... —replicó Matías.

—¡Pero si es emocionante!

—... por no hablar de las sesiones continuas. Yo lo que hago es sentarme en una butaca y leer a la luz del proyector.

—¿Leer? Los libros están acabados, Matías.

—Pero ¡qué dices, simplón! ¡Lo que habré aprendido yo con los libros! Si no fuese por ellos, no estaría aquí.

Matías le contó que había aprendido a leer en Madrid, en unas clases para adultos organizadas por el sindicato, y que a través de él había conseguido el trabajo de acomodador. Afirmaba con convicción que leer le había dado la oportunidad que un paleto como él jamás hubiese tenido. Por todo eso estaría siempre a disposición de su sindicato y de los camaradas. Por ellos lucharía hasta el final. Ellos conformaban su familia, su patria, su vida.

—Eso sería antes, hombre... ¡Hoy quién va a leer, pudiendo ver una película maravillosa! —le replicó Nicasio con la devoción y la seguridad del converso que abandona las letras y se entrega con pasión a los fotogramas.

—Si no lo hizo la radio, no lo hará el cine.

—¡No me vayas a comparar, hombre...! La radio es lo mismo que un libro, como si alguien te leyese en voz alta. Esto es distinto, es un milagro. ¡Es el arte de Méliès!

—Puede ser. Pero por ahora este milagro artístico solo sucede en la sala, no te lo puedes llevar a casa. Allí tendrás que encender la radio o abrir un libro —concluía Matías, ante lo que Nicasio permanecía unos instantes callado antes de volver al ataque.

—Todo se andará, Matías... ¡Los tiempos avanzan una barbaridad! A saber cuánto tardaremos en tener un pequeño cine en nuestras casas.

—Ya, ¿y la casa? ¿Cómo conseguiremos la casa para tener ese maravilloso cine privado?

Sin respuesta para la pregunta, Nicasio por fin callaba y se marchaba rumiando su incruenta derrota dialéctica con el acomodador, que no dejaba de sonreír ante su enfado. Siempre se tomaba las cosas a la tremenda.

Nicasio sabía bien por qué le gustaban tanto a Matías aquellas novelitas que devoraba con fruición: todas eran marranadas, llenas de escenas de mujeres en cueros. Lo había acompañado en varias ocasiones a la cuesta de Moyano a comprarlas por quince céntimos en alguna de las casetas de libros de viejo. Las colecciones de noveluchas tenían adjetivos de lo más insinuante para captar al lector ávido de lujuria: novela «galante», «sugestiva», «amorosa» o directamente «verde». Las llamativas cubiertas incluían ilustraciones muy osadas; incluso había descubierto con asombro a dos hombres besándose con pasión en una de ellas. Tras ese hallazgo, Nicasio pasó varios días incómodo, desconfiando de cualquier movimiento de su desinteresado anfitrión. Tanta generosidad de Matías con él le resultaba ahora sospechosa. Ante su desconfianza, el acomodador le expuso varias veces sus razones.

—Cuando abandoné nuestra tierra, diez años atrás, dejé allí un hijo. Hoy debe de tener tus años. Me recuerdas a él, eso es todo.

—¿Y esto? —le recriminó Nicasio mostrándole la novelita con aquel beso entre hombres que tanto lo había perturbado.

—No pensarás que yo...

—Yo no pienso nada.

—De acuerdo, chico. Si estás preocupado, no tienes más que mirarme.

Nicasio lo observó. En verdad no se trataba del hombre más afortunado del mundo. A su rostro desproporcionado se unía una intensa cojera, causada por un accidente sufrido en el metro al poco de llegar a Madrid, del que a punto estuvo de no salir con vida si no fuese por los cuidados que le dieron en el hospital de Maudes.

—¿Entiendes ahora por qué busco la compañía de esas señoritas de papel? Tú aún puedes ver cumplidos tus sueños con ellas. Yo no.

Nicasio no contestó, avergonzado por sus sospechas infundadas, despejando cualquiera duda sobre su benefactor, amigo y camarada.

Cuando Matías no podía zafarse de la vigilancia del encargado del Capitol para colar a Nicasio en la sala, el chico paseaba una y otra vez de un extremo a otro de la Gran Vía. Aquello resultaba casi tan interesante como el cine: de los escaparates de los Almacenes Rodríguez a la joyería Aldao; de los modernos expendedores de bebida y comida del Tánger, el primer bar automático de la ciudad, a las cristaleras de la elegante y selecta coctelería Chicote; las calles, atestadas de automóviles y tranvías que se detenían cada dos por tres vomitando gente. Nicasio, hipnotizado por completo, miraba la extraña y diversa fauna que poblaba las aceras más anchas y transitadas de toda la ciudad: carteristas, bohemios, cupletistas, timadores, mucamas, ricachones, sablistas, mendigos, grupitos de taquimecas y mecanógrafas, mozos juerguistas, airados anarquistas y comunistas solidarios repartiendo sus folletos a los transeúntes o llamando a la huelga con verbo incendiario, pues no había día en que no se convocase una: de albañiles, de ascensoristas, de camareros, incluso de toreros...

En la Gran Vía se juntaba de todo, lo mejor y lo peor: gente de mal y de buen vivir, gente de baja y de alta estofa, carlistas, revolucionarios, falangistas, libertarios, reaccionarios... Algunos de ellos compartían un objetivo común: cambiar el mundo para hacerlo más justo e igualitario, decían, aunque divergían en los medios para alcanzar tal fin. Mientras, la mayoría se divertía sin descanso aguardando que este cambio se produjese, por las buenas o por las malas, por las urnas o por las armas.

Nicasio tampoco apartaba los ojos de los carteles y de los afiches que con fotogramas de las películas colgaban en la entrada de los cines de la competencia, el Rialto, el Callao o el Actualidades, pues para él el Capitol se había convertido en su propia casa, en la única que ahora podía considerar como tal.

Al finalizar las sesiones le gustaba sentarse al lado de la entrada y escuchar al público que salía comentando la película. Nicasio cerraba los ojos y trataba de proyectar en sus retinas las mejores escenas de esos filmes que no había visto y que daba en imaginar.

El acomodador le había recomendado que tuviese mucho cuidado durante sus paseos, pues los bellacos y facinerosos acechaban en las calles, y no transcurría un día sin que muriese alguien de un tiro, fuese por política o por codicia. Hacía menos de un mes que un capitán socialista había sido asesinado por varios falangistas cuando paseaba por la Gran Vía con su mujer del brazo.

—Andan las aguas muy revueltas, no sé si nos ahogaremos todos —repetía Matías cada vez que sabía de un nuevo asesinato político.

—¿Por qué lo dices? —le preguntaba Nicasio.

—En la sala del cine se escuchan muchas más cosas que los diálogos o la música de las películas —contestaba misterioso.

—¿Cómo?

—La oscuridad es propicia para secretos y confidencias, y no solo para los arrumacos de las parejas —añadía el acomodador con una sonrisa pícara.

Hoy Nicasio vuelve a quedarse fuera de la sala ante la presencia merodeadora del encargado y no puede ver una vez más, como querría, las aventuras y desventuras de Lucie Manette y de su familia en la Francia revolucionaria y el generoso sacrificio final del cínico y descreído Sydney Carton. Nicasio se sabía de memoria el texto con que se abría el filme. Aquellas palabras le parecían las más hermosas que jamás había escuchado, y también las más terribles.

Así que mientras los espectadores lloran sin consuelo y Matías lee con fruición una de sus novelas indecentes, él se va a dar una vuelta por la Gran Vía, rebosante de gente, como de costumbre. La ciudad lleva varias jornadas bajo una sofocante ola de calor que impide a sus habitantes descansar y dormir, por lo que ventanas, portales y terrazas se llenan de hombres, mujeres y niños que, sudorosos e insomnes, buscan algo de frescor en la brisa templada del anochecer.

Tras unas horas de vagar por la arteria madrileña, Nicasio oye un rumor sordo de sorpresa y admiración, y una fuerte voz metálica. Se gira y descubre un automóvil que circula por la Gran Vía con un gran altavoz sobre su techo.

—¡No se pierdan en el Teatro Maravillas a la extraordinaria y valerosa Venus Rubia...! —anuncia la voz.

Nicasio no entiende muy bien la expectación que causa el vehículo entre la gente, que se detiene asombrada a su paso. Los automóviles que pregonan espectáculos y convocatorias, sean de ocio o políticos, son el pan nuestro de cada día en la ciudad, lo que a veces la transforma en una cacofonía de estridentes voces incomprensibles.

—¡Una auténtica belleza parisina enfrentándose a cuatro temibles fieras salvajes llegadas de lo más recóndito del continente africano! —prosigue la voz.

Nicasio se detiene en la acera y, cuando el coche pasa a su altura, descubre pasmado el motivo de tanta expectación. El automóvil lleva pegado en los laterales un cartel con la figura de la Venus Rubia tal y como Dios la trajo al mundo. Y no se trata de un dibujo, sino de una fotografía a tamaño natural de la escultural mujer.

Poco a poco echa a andar siguiendo su lenta marcha por la calle y sin poder apartar la vista del cartel, como si todo el magnetismo del universo se concentrase en aquel cuerpo blanco de diosa griega y lo atrajese sin remedio. Por fin, reacciona y consigue liberarse de su hechizo cuando llega a la plaza de España.

Daría cualquier cosa porque Matías estuviese con él y la viese. Da la vuelta y regresa corriendo al Capitol para comprobar si finalizó la sesión. Al llegar descubre al acomodador de cháchara con otros compañeros, fumando un cigarro en la entrada.

—Estaba a punto de marcharme.

—Lo siento... He visto algo que no creerías.

—Tú me dirás.

—¿Sabes las estampas de mujeres de tus noveluchas?

—Sí, claro, ¿qué me quieres decir?

—Pues que un coche ha recorrido la Gran Vía con un cartel gigante de una de ellas desnuda.

—¿Desnuda? ¿Completamente?

—Como te lo digo. Sé que actúa en el Teatro Maravillas.

—¿En el Maravillas, dices?

—Sí, ¿por qué?

—Conozco a uno de los porteros. Es un camarada del sindicato.

A Nicasio se le iluminan los ojos y Matías comprende de inmediato lo que el truhan pretende. Hay que ver lo que ha espabilado el mocoso en tan poco tiempo. En él casi no queda rastro de aquel cachorro abandonado que se encontró en Cuatro Caminos unas semanas antes.

—Está bien, vamos —le dice al chico, que sonríe de oreja a oreja.

Recorren la Gran Vía y enfilan Fuencarral hasta plantarse delante del teatro.

—Estamos de suerte. Mi camarada Luis es aquel de la puerta —comenta Matías acelerando su paso desequilibrado.

Nicasio corre tras él, emocionado ante la posibilidad de ver por sí mismo, en carne y hueso, a aquella Venus Rubia.

—¡Hombre, camarada lector! —se burla el portero al encontrarse con él.

Matías le sonríe, le ofrece un cigarro y comienzan a conversar. Nicasio, nervioso, se mueve a su alrededor como un perrito hambriento esperando para entrar. Matías se percata de su inquietud y le pide a su camarada si puede pasar a echar un vistazo mientras ellos hablan de sus cosas.

—Pues que se apure. Debe de estar a punto de terminar el último pase.

—¿Tú no vienes? —le pregunta el chico a Matías.

—No me quiero hacer ilusiones.

El portero abre la puerta y Nicasio entra disparado, atraviesa el vestíbulo y franquea los cortinones que dan a un amplio patio de butacas. El teatro está a oscuras y un solitario foco ilumina el escenario, cerrado por un enrejado de varios metros. Cuatro leones sobre unos pedestales de madera rugen ante el látigo amenazante de un domador vestido como un almirante.

Cautivado por las bestias, Nicasio tarda en advertir la presencia de la mujer, y, cuando lo hace, un rayo le atraviesa el cuerpo: al fondo, sobre unos escalones, baila tal y como Dios la trajo al mundo. El silencio en la sala es sepulcral, y cuando la Venus Rubia desaparece tras las cortinas todo el teatro estalla en aplausos y silbidos. Tras unos minutos de ovaciones, las luces se encienden y el público comienza a salir. Nicasio permanece allí un rato más observando cómo el domador obliga a meterse a las fieras reticentes por un agujero que, supone, conduce a una jaula entre bambalinas.

—¿Qué te ha parecido? —le pregunta Matías una vez fuera.

Nicasio no le responde; todavía sigue asombrado.

—Ya ves. Con la impresión ha perdido el habla —ríe el portero.

—Muchas gracias, camarada, tenemos que marcharnos...

—De ninguna de las maneras. Ahora vamos a tomar algo.

—Tenemos que coger el último metro —intenta excusarse Matías.

—No te preocupes; alguien os acercará. Cierro, me saco el uniforme y nos vamos.

Cuando a la mañana siguiente despierta sobre la cama turca de la modesta buhardilla de Matías, Nicasio apenas recuerda nada: ha vivido su primera borrachera y su cabeza permanece bajo una espesa neblina. Luis, el portero, resultó ser un farandulero, además de un jaranero impenitente, y Matías no se quedó atrás. Luis había trabajado en espectáculos de variedades e incluso en el Circo Price. No tuvo suerte y acabó como portero en el Maravillas. Sin embargo, y por alimentar su fracasada vocación, seguía confraternizando con cómicos y artistas en cafés y tabernas. En uno de esos locales atestados de una fauna vocinglera de vicetiples, payasos, caricatos, chistosos, magos y contorsionistas, Luis les presentó a la Venus Rubia. Eso Nicasio lo recordaba perfectamente, como si la tuviese aún resplandeciente delante de sus narices. La diosa blanquecina procedía de Francia y se llamaba Marlene Grey. Y no era la mujer del domador, como Nicasio había imaginado románticamente, sino de otro artista que actuaba en el teatro haciendo de hombre autómata, con espasmódicos movimientos de sus extremidades superiores e inferiores. La diva rubia estuvo un poco fría y distante con su joven admirador. «Así debe de comportarse una estrella», pensó él, que fue a sentarse en un rincón del local para admirarla embelesado desde la distancia, mientras ella reía y bebía rodeada de un enjambre de moscones. No tardó en sentarse a su lado el fortachón domador de leones, a quien todos llamaban *monsieur* Marck.

—¿Es hermosa, verdad? —le preguntó con un fuerte acento extranjero a Nicasio al advertir que no le quitaba el ojo de encima.

—Desde luego. Y también valiente —contestó el chico.

—Sí, todo el mundo tiene ojos para ella, sin embargo el alma verdadera del espectáculo son mis leones.

—¡Por supuesto! —exclamó Nicasio intentando huir del quejicoso domador antes de que este le pasase su musculoso brazo, el brazo del látigo, por su hombro.

—El circo ha muerto. A las variedades las mató el progreso, el maldito cine —siguió lamentando el francés.

—A mí me gusta mucho —se atrevió a decir Nicasio, lo que abrió la caja de los truenos del domador.

—El cine, el cine..., ¡un espectáculo para niños! Todo es mentira. En él no hay verdad ni riesgo alguno. Es una trampa. Y ahora incluso hablan, como si fuese teatro. Adónde vamos a ir a parar... Nadie recuerda ya todo esto

—dijo abriendo la camisa y mostrando un pecho lleno de cicatrices terribles causadas por las garras de las fieras—. Yo, que actué en el Cirque d'Hiver..., que conocí a los más grandes, que compartí escenario con el gran Houdini... ¡Qué pensaría mi padre, de quien aprendí todo, si me viese ahora de triste segundón de una Eva de pacotilla!

El domador se interrumpió para dar un trago a su bebida, momento que Nicasio aprovechó para escabullirse y dejarlo allí solo lamentándose por un tiempo perdido que ya no regresaría. Mientras buscaba a Matías entre la multitud que atestaba el garito, se percató de que *monsieur* Marck había atrapado ya en su red a otro inocente que escuchase su llanto de domador nostálgico.

Nicasio descubrió por fin al acomodador en un extremo de la barra, delante de un montón de vasos vacíos, y se dirigió hacia él.

—¡Matías! ¡Cuánto tiempo! —gritó de repente un hombre abriéndose paso entre el gentío y dándole un fuerte abrazo.

A Nicasio le costó llegar hasta ellos; casi se ahoga en aquel alboroto de gente, carcajadas y brindis.

—Te presento a un buen amigo: Armand, director de cine y libertario, ¡qué le vamos a hacer! Ja, ja, ja, ja —rio Matías de una forma que Nicasio nunca le había visto.

—Encantado. —Nicasio extendió su mano, que Armand chocó con fuerza.

—Venga, os invito a una ronda —propuso el director de cine.

—Nosotros nos íbamos... Pero, de acuerdo, que sea por los viejos tiempos —aceptó Matías.

Los tres se sentaron a una mesa y los dos amigos comenzaron a hablar sin freno. Nicasio, adormilado por el cansancio y el alcohol, solo escuchó algunos retazos de su conversación.

—Te hacía en Berlín, convertido en un gran director...

—Aquello no es lo que era desde la victoria de Hitler. A esos malnacidos de los nazis no les agradaba mi presencia y acabaron por echarme del país. Ahora tengo entre manos un nuevo proyecto.

—¿Cuál?

—Ahí lo tienes —dijo el cineasta señalando a la Venus Rubia, que bailaba con desgana agarrada a su hombre autómata—. Vamos a rodar una película con ella. Tengo el guion concluido.

—¿Aquí, en Madrid?

—Sí, comenzaremos el rodaje en unos días. El parné lo pone el empresario Arturo Carballo. A mí me tocan treinta mil perras.

—¡Caramba! —exclamó Matías.

—¿Este es tu hijo?

—No, pero como si lo fuese. Lo recogí en la calle hace unas semanas.

—Te pierde tu generosidad de comunista, Matías.

—¿Sabes de los rumores de una sublevación?

—Algo he oído, sí. Desde la victoria del Frente Popular no han cesado.

—En esta ocasión parece que va en serio. ¿Qué piensas?

—No lo sé, las cosas van por muy mal camino. Cada asesinato lleva a otro, provocando una cadena de venganza imparable.

Tras meter la cabeza bajo el agua fría del grifo, Nicasio se despeja un poco. Ha pasado la hora de comer, aunque él siente el estómago revuelto y no tiene hambre.

Matías ya ha salido hacia el cine Capitol. Sin necesidad de vestirse —pues la noche anterior, tal y como llegó a casa, no se desprendió de la ropa—, sale apurado a la calle con una idea fija en la cabeza: asistir al rodaje de la película de la Venus Rubia. Debe hablar enseguida con su querido protector.

Cuando llega a la Gran Vía, Nicasio percibe en el ambiente una cierta tensión y más movimiento del habitual para un caluroso lunes de verano. Pequeños grupos de gente se reúnen aquí y allá. Ve guardias de asalto que miran con desconfianza a los transeúntes. Todo es extraño, siniestro incluso. Descubre a Matías hablando con un uniformado a la entrada del cine y corre hacia ellos.

—Adiós, camarada, y gracias —se despide el acomodador del hombre.

Nicasio advierte que Matías guarda un pequeño paquete en el bolsillo de su chaquetilla de acomodador.

—¿Ha pasado algo?

—Se dice que han matado a Calvo Sotelo.

—¿Y eso es malo?

—Es uno de los jefes de la derecha. Tú no te preocupes, que tenemos protección —dice el otro palpándose el bolsillo—. ¿Qué tal tu resaca?

—Terrible. Juro no que beberé nunca más.

—Ja, ja, ja. Muchos antes que tú han dicho eso mismo y luego repitieron. ¿Qué planes tienes? ¿Quieres ver la película de nuevo? El encargado no está.

—Ya la tengo muy vista. Pensaba en otra cosa. ¿Recuerdas a tu amigo director?

—¿Armand?

—Sí. Ayer dijo que empezaba un rodaje. Pensé que podría acercarme a husmear un poco.

—Sí, algo contó... —duda unos instantes Matías—. Creo que empezaba el jueves muy temprano en el estanque de El Retiro.

—¿Podría ir?

—Supongo que sí. Esto aún es un país libre y no creo que cierren todo el parque.

Nicasio no tarda en localizar el espacio de rodaje junto al estanque, gracias a la cantidad de gente congregada. Se abre paso como puede hasta descubrir al equipo técnico de la película, algo que le decepciona por su reducido número, una docena escasamente, y sus exiguos medios: una cámara, unos focos, unos grandes lienzos blancos, una jirafa para el sonido y poco más.

Después piensa que si con eso es posible hacer surgir la magia del cine, el arte de Méliès tiene más mérito de lo que suponía. Como casi siempre, tras un gran espectáculo se ocultan muchas miserias; si no, que se lo pregunten al quejicoso *monsieur* Marck.

Armand anda de aquí para allá dando instrucciones a todo el equipo. Lleva en una mano un cuaderno con el guion y en la otra un megáfono. Cuando está todo a su gusto, se sienta en una silla al lado de la cámara manejada por otro hombre.

—¡Fieras, escena uno, toma uno! —grita un joven golpeando la claqueta ante la cámara.

—¡Prevenidos! —advierte por el megáfono el director.

Un ciclista con maillot pasa entre las mesas de la terraza donde dos actores esperan para iniciar su diálogo.

—¡*Merde*! —jura Armand en francés.

Luego, de no se sabe dónde, aparece una tropa de niños persiguiéndose unos a otros.

—¡No, no, no! ¡Que alguien saque a esos mocosos de en medio! —chilla desesperado.

Uno de los técnicos que sostiene los grandes lienzos blancos sale tras ellos y los espanta.

—¡Fieras, escena uno, toma dos! —exclama de nuevo el claquetista.

—¡Prevenidos! ¡Acción! —grita Armand.

La escena consiste en una conversación entre dos amigos, Pablo y Picatoste, en una terraza, mientras unos niños juegan a su lado, uno de los cuales recoge colillas del suelo. Al mismo tiempo, una mujer pasa remando en una barca por el estanque, justo detrás de ellos.

La toma debe repetirse varias veces: demasiados intérpretes juntos que tienen que coordinarse y ajustarse a las precisas indicaciones del director libertario. Primero se repite a causa de la barca que navega por el estanque.

—Tina, por favor, ¿no puedes remar un poco más rápido? —le solicita Armand a través del megáfono.

—No soy remera, Armand. Soy Tina de Jarque, vedete, actriz y cantante. Estoy harta. Llevo horas bajo este sol abrasador y me encuentro cansada.

La secuencia se detiene nuevamente por los gritos de los niños que juegan en el parque, que impiden escuchar la voz de los actores en la toma de sonido.

Pese a las repeticiones y al aparente desorden que reina en el rodaje, Nicasio, sentado en un rincón, asiste con asombro a todo aquel espectáculo, al hecho de que de aquel caos naciese la magia que la luz revelaba en la pantalla. Tanto tienen que repetir la escena por una causa o por otra que al mediodía ya sabe los diálogos casi de memoria.

—Pero ¿es que has perdido la dignidad, Pablo? ¿Te parece bien dejarte tratar como un pelele por tu mujer?

—¡Hombre, tanto como eso! —responde Pablo airado.

—Si a mí me tratase así una mujer...

—¡Qué sabes tú de estas cosas! ¡Pobre Picatoste..., ni estás casado, ni sabes ni sabrás lo que es querer a una mujer como yo quiero a Aurora.

—¡Afortunadamente, mientras haya cerveza!

Luego Picatoste tira la colilla de su cigarro al suelo y un niño y una niña se pelean por ella entre insultos.

Finalmente, la novena toma es la buena y el director ordena descansar para comer.

Nicasio aprovecha entonces para aproximarse adonde Armand comparte bocadillos y cervezas con el resto del equipo de la película.

—¡Hombre, a quién tenemos aquí, al pequeño sóviet de Matías! —lo saluda efusivo el director—. ¿Qué te ha parecido?

—Bueno... —contesta Nicasio sin mucho convencimiento.

—Por la tarde será mucho más entretenido, que la revolución no se hizo en dos días —lo anima Armand al percatarse de su decepción.

—Ah, muy bien —exclama Nicasio intentando mostrar entusiasmo.

—Acércate, come algo y verás.

El director le presenta a los actores del filme con gran ceremonia. Pablo Álvarez, que hace de Pablo, el boxeador ricachón y protagonista; Alfredo Corcuera, Picatoste, su amigo y manager; y Tina de Jarque, Aurora, la mujer algo descarada del púgil, en palabras del propio director y guionista.

—¿Y Marlene? —se atreve a preguntarle Nicasio en vista de la camaradería surgida.

—¡Ah, pillastre, así que por eso has venido! ¡A los sóviets también les gustan las rubias! —comenta el director, y todos ríen a carcajadas.

Nicasio, avergonzado por las risas, retrae su gesto.

—Tranquilo, hombre. Todos sabemos que es la estrella de esta película. Sin ella, ninguno de nosotros estaría aquí, ¿verdad, Tina?

La vedete, que fuma con desgana, le echa una mirada furibunda por su comentario.

—No te apures, pequeño sóviet. Ella tiene una escena por la tarde.

Los actores y técnicos hablan todos a la vez mientras comen los bocadillos: de las cualidades escaladoras de Ezquerra o de Barrendero, que estos días están disputando el título de la montaña en la trigésima edición del Tour de Francia, saltan al accidente de un tren ocurrido la víspera en la estación de Santa Catalina, para terminar con el asesinato de Calvo Sotelo, que casi todos ellos bendicen, para asombro de Nicasio.

Tras la comida, y como el calor es insoportable, todos, excepto Armand, que se dedica a repasar el guion con su ayudante, buscan una sombra donde descansar o dormir una breve siesta.

A eso de las cinco, con retraso sobre el horario previsto, aparece la Venus Rubia agarrada del brazo del productor, el señor Carballo, seguidos por *monsieur* Marck, que arrastra por la correa a un ridículo perrito blanco, y que en el filme, además de hacer de domador, interpretará a su marido. Armand se aproxima a saludarlos mientras Tina refunfuña ante los aires de diva de la francesa.

—No sé qué le veis a esa esmirriada gabacha —comenta Tina con desprecio.

El director habla en francés con Marlene y el domador antes de iniciar una pequeña discusión en castellano con el productor. Nicasio es testigo privilegiado, mientras observa la escultural figura de la Venus, que, puesta en cuclillas, acaricia a su perrito.

—Creí que eso había quedado hablado y acordado —dice el director.

—Esto es una película española —argumenta el productor.

—El cine es tan universal como la revolución, y nuestro filme debe tener una vocación internacionalista.

—Puede ser, pero el dinero no es universal, es mío.

—Mire, ellos que hablen en francés, que ya estaremos luego a tiempo de doblarlos.

—No sé... —duda el productor.

—Si no queda completamente satisfecho, el doblaje corre de mi cuenta.

—¡Ese es el lenguaje que entienden los productores! —acepta Carballo dándole una fuerte palmada en el hombro al director.

—El lenguaje de los patronos, ¿no? —bromea Armand.

—Este patrón es el que te paga.

—Lo sé, señor Carballo. —El director se aleja y comienza a dar órdenes al cámara y al resto del equipo para la siguiente toma.

Toda la tarde, para sorpresa de Nicasio, se consume rodando una escena breve y muy simple: la Venus Rubia y *monsieur* Marck caminan en paralelo a un seto del parque y Picatoste sale a su encuentro e inician una charla mitad en francés, mitad en castellano. El problema es que el perrito que Marlene sostiene de la correa se resiste a obedecer a su dueña: se enreda continuamente entre sus piernas y no la deja avanzar, y por dos veces huye, y Nicasio, raudo, sale tras él y lo atrapa antes de que se pierda por el parque.

—*Merçi* —le agradece la afrodita francesa. Nicasio permanece embobado ante ella hasta que Armand le grita para que salga de allí, pues deben repetir la toma.

Al atardecer, cuando las sombras de los árboles comienzan a jugar sobre las aguas del estanque, el rodaje se suspende por falta de luz. La diva y el domador son los primeros en marcharse en el coche que el productor ha puesto a su disposición para acudir enseguida al Teatro Maravillas, donde tienen función. El resto lo hace por cuenta propia, en taxi o en metro, y el equipo técnico en una vieja camioneta en la que cargan todos los trastos.

Nicasio se aproxima a Armand para preguntarle por el rodaje del día siguiente en el parque.

—No, chico. Mañana tenemos que rodar unos botes navegando por la playa.

—¿Madrid tiene playa? —pregunta Nicasio con sorpresa.

—Sí, claro, Madrid lo tiene todo.

—¡Vaya!

—Está en un embalse del Manzanares. Allí hay de todo: baños, hamacas, parasoles... Y lo mejor es que es para goce de todos los madrileños, no solo de los señoritos.

—¿Podría acercarme?

—Como quieras. Marlene no irá. Ella está convocada para el sábado por la tarde aquí mismo —le aclara.

—Está bien, ya nos veremos.

—Hasta más ver, pequeño sóviet.

Nicasio abandona el parque y sube por Alcalá, que con la caída de la noche ha visto cómo sus terrazas se atestaban de clientes. En el café Lion, en la Maison Doreé y en el Colón todo es bullicio, risas y bromas.

Enfila hacia Gran Vía y las terrazas del Molinero y del Zahara también están atiborradas, como de costumbre. Sin embargo, nota una sensación desconocida, flota una imperceptible tensión en el ambiente: algunas miradas furtivas, algunas veladas amenazas, algunas sonrisas malévolas... Quizá solo sea por el aire denso y casi irrespirable de este caluroso mes de julio.

En los cines, los operarios cambian las carteleras para los estrenos del fin de semana que se acerca. Con el calor, algunas salas han prolongado sus sesiones hasta bien entrada la madrugada y anuncian en grandes letras que están refrigeradas, para atraer a los espectadores más acalorados. El Capitol no lo está y, tras el notable éxito del filme *Historia de dos ciudades*, que ha permanecido varias semanas en cartel, todo indica que el nuevo estreno, la comedia *Una chica de provincias*, no va a tener tanto éxito, pese a contar con el apuesto Robert Taylor de protagonista.

—¿Cómo te fue? —le pregunta Nicasio a Matías, que fuma fuera como de costumbre.

—Regular. Demasiado calor.

—¿Y la película?

—Pues es muy divertida. Burguesa pero divertida. ¿Y a ti? ¿Qué tal el rodaje?

—Muy bien.

—¿Regresas mañana?

—No, el sábado, repiten en El Retiro. Solo venía a saludarte. Vuelvo a casa, estoy derrotado.

—Ve con mucho ojo —le advierte el acomodador con cierta precaución en su voz.

—¿Por qué?

—Rumores, corren muchos rumores —comenta Matías de un modo críptico que Nicasio no comprende.

Pese a que la radio no ha informado, el 17 de julio por la noche muchos no hablan de otra cosa en las terrazas de los cafés de la Gran Vía y de la calle Alcalá: los militares se han sublevado en Melilla contra el Gobierno de la República.

A la salida de la última función del Capitol, Matías, acompañado de Nicasio, enfila Hortaleza para acercarse a la sede central del partido, situado en la calle Gravina, e informarse mejor de lo que está ocurriendo.

Allí se ve mucho movimiento, un trasiego continuo de hombres y mujeres. Órdenes, teléfonos que suenan ininterrumpidamente y rostros de preocupación. Nicasio descubre con sorpresa a varios hombres armados con fusiles mientras espera en el vestíbulo. Matías tarda en salir y, cuando lo hace, lleva una cajita entre sus manos.

—¿Qué es?

—Balas para mi pistola —le confiesa el acomodador.

—¿Es grave?

—No se sabe, pero el pueblo debe prepararse para luchar contra el fascismo —contesta con solemnidad.

Nicasio sabe de las inquietudes políticas de Matías, aunque no acostumbra a hablar mucho de ellas o lo hace con discreción. Que hable tan abiertamente y se despida de sus camaradas puño en alto le provoca cierto temor. Las cosas deben de haber ido de mal en peor cuando un simple acomodador cojo tiene que armarse para defender a la República de sus enemigos.

De madrugada, de regreso a casa caminando, pues ya han cerrado el metro, Nicasio descubre la caravana de lujosos coches cargados con trastos y maletas sobre sus capós que circulan por Bravo Murillo. Huyen en dirección al norte en busca de la carretera de Irún.

—Las ratas abandonan el barco —comenta Matías al verlos.

En la entrada de las cocheras de Cuatro Caminos, los conductores del último turno no se han marchado a sus casas e improvisan una reunión esperando noticias de lo que sucede en África. Matías se aproxima a ellos para preguntarles, pero no hay más novedades que las que ya conoce.

Nicasio se acuesta, pero no logra dormirse, asaltado por malos presagios. Pasa la noche en vela contemplando cómo Matías limpia su pistola y la pone a punto una y otra vez, como si fuese a usarla de manera inminente. Le viene a la cabeza su familia por primera vez desde su huida. Supone que su padre seguirá en la siega y que su madre y sus hermanas estarán solas en Vilalba. Intenta calmarse pensando que allí no les pasará nada, que de suceder algo grave será en las ciudades, y que no existe en ese momento lugar más seguro que una aldea. Por las ventanas abiertas se ve luz en muchas casas, y un cacofónico rumor de radios encendidas y el miedo de los corazones encogidos se extiende por cada rincón de una noche insomne para todos: gente de mal y buen vivir, gente de baja y alta estofa, carlistas, revolucionarios, falangistas, libertarios, reaccionarios...

Y en esos momentos de la madrugada, casi amaneciendo, es cuando un mensaje de radio enviado desde Canarias y rebotado en Cartagena es recibido por un radiotelegrafista gallego, Balboa, en una estación de radio de la Marina en Chamartín:

«Gloria al heroico Ejército de África. España sobre todo. Recibid el saludo entusiasta de estas guarniciones, que se unen a vosotros y demás compañeros de la Península en estos momentos históricos. Fe ciega en el triunfo. Viva España con honor. General Franco».

Al despertar, Nicasio se percata de que se quedó dormido al amanecer, justo cuando el oficial Balboa apuntaba con su pistola Luger a su superior, pues, leal a la República, el radiotelegrafista se ha negado a seguir las órdenes de este y transmitir el mensaje de los sublevados a todos los buques de la Armada para que se alzasen en armas contra el legítimo gobierno. Es bien entrada la tarde y Matías no está en la buhardilla ni le ha dejado nota alguna. Imagina que ha acudido al Capitol, o quizá no, quién puede saberlo. Baja deprisa a la calle y pronto percibe más guardias civiles y guardias de asalto que de costumbre. Una docena de ellos vigilan, fusil en mano, las cocheras de Cuatro Caminos. La gente los aplaude al cruzarse con ellos y los felicita. A medida que camina, no tarda en saber por los comentarios de los transeúntes que las cosas no van nada bien. Se cuenta que la sublevación ha saltado a la Península y que los militares rebeldes han tomado muchas ciudades. Por lo que parece, en Madrid la cosa todavía está tranquila. Nicasio escucha que una multitud está juntándose en la Puerta del Sol. Baja al metro y va hacia allí sintiendo escalofríos. No tiene sentido acudir a El Retiro al rodaje de la película. La realidad en esta ocasión supera al arte de Méliès.

La plaza rebosa de gente de toda clase y condición. Se dan vivas a favor de Stalin, de Largo Caballero y del Frente Popular. También se piden armas a gritos, y algunos golpean con los puños las puertas del Ministerio de la Gobernación. Nicasio piensa en informar a Matías de inmediato. Sale corriendo por la calle Montera y al final, casi en Gran Vía, pasa ante una armería con las cristaleras rotas, de la que se han llevado todas las armas. Cuando pone un pie en los escalones de la entrada del Capitol está sin aliento y no puede hablar, por lo que decide sentarse.

La taquillera se percata de su presencia y va a dar aviso a Matías, que lee en la sala bajo la luz del proyector, como si el país que ha conocido hasta ahora no estuviese a punto de derrumbarse como un castillo de naipes.

—¿Estás bien? ¿Te han herido? —pregunta su amigo, que ha salido del cine apuradamente.

—Sí, sí, solo he perdido el aliento.

—¿A qué viene tanta prisa entonces?

—En la Puerta del Sol se ha armado un buen jaleo. La gente ha enloquecido.

—No, no se han vuelto locos. Quieren defender lo que el gobierno no quiere.

—¿Cómo?

—La libertad, Nicasio, la libertad. La tuya, la mía, la de todos...

A Matías se le abre la chaquetilla del uniforme y Nicasio atisba su pistola entre el cinturón.

—¿Con armas?

—Sí —contesta lacónico—. Los traidores y facciosos son muchos y están bien armados.

Nicasio percibe que algo ha cambiado en Matías, su benefactor. Ya no es aquel acomodador tullido. Algo le hierve en la mirada. Algo que Nicasio no se atreve a calificar, ni para bien ni para mal.

—Será mejor que entres.

—¿Y el encargado? —pregunta Nicasio al verlo en la puerta con cara de pocos amigos.

—Yo me encargo de él.

Matías lo ayuda a levantarse y van hacia la entrada. El encargado se planta ante ellos, impidiéndoles el paso, y recula enseguida cuando el acomodador aparta la chaquetilla con la mano y le muestra la pistola en el cinturón.

Tras la última sesión, el Capitol cierra las puertas y Matías y Nicasio se dirigen a la sede de Gravina para ver qué se está cociendo. Por las calles circulan coches y camiones requisados pintados con las siglas o lemas de sus organizaciones y llenos de hombres y mujeres armados. Nicasio intenta contabilizarlos: tres CNT, cuatro UGT, dos FAI, tres UHP... Los disparos que oye continuamente a lo lejos le hacen perder la cuenta varias veces, hasta que decide dejar de contar.

En la sede del partido le comunican a Matías que todos los espectáculos del domingo, sean cines, circos, teatros, cafés conciertos o frontones, se suspenden hasta nueva orden por acuerdo de todos los sindicatos. No hay más novedades. Madrid, pese a algunos incidentes aislados, vive una calma tensa, les asegura un camarada.

—Mejor descansar esta noche. No sabemos qué nos deparará el mañana —añade cuando se marchan.

En el metro, guardias de asalto, milicianos y guardias civiles vigilan casi todas las estaciones del recorrido. En Cuatro Caminos unos milicianos de monos azules piden la documentación a Nicasio y a Matías. El chico no tiene nada, pues perdió todo en su huida de los trigales castellanos, pero se queda fascinado al ver el carné del partido que lleva el acomodador. Es como un salvoconducto que abre todas las puertas y vence cualquier desconfianza.

—Yo respondo por él, camarada. ¡Salud! —le dice Matías al miliciano con el puño en alto.

Esa madrugada, en la buhardilla, se repite la escena de la víspera con las ventanas abiertas. Matías monta y desmonta su pistola mientras Nicasio, acostado, lo observa. Lo que la víspera había sido un cacofónico rumor de radios, es ahora un estrépito nítido, como si todos los madrileños encendiesen sus aparatos de radio a la vez y sintonizasen la misma emisora, esperando con inquietud un mensaje de esperanza que no llega.

El repicar de unas campanas sobresalta a Nicasio y casi le hace caerse de la cama. Matías, pistola en mano, permanece asomado a una de las ventanas.

—¿Qué ocurre? —le pregunta al acomodador mientras se despereza.

—Míralo tú mismo.

Nicasio se asoma a la ventana y descubre una espesa humareda que proviene de una iglesia cercana a la glorieta de Cuatro Caminos. Los disparos lejanos de la víspera suenan más próximos. Gira la cabeza hacia el sur. Sobre el horizonte de tejados atisba varias columnas de humo negro.

—La batalla de Madrid parece que ha comenzado.

—¿Y qué vamos a hacer?

—Luchar.

—¿Contra quién? ¿Dónde?

—Ya me han avisado. Tengo que acudir con los camaradas al Cuartel de la Montaña. Se dice que allí hay problemas.

—¿Y yo?

—Tienes que decidirte, ha llegado el momento. Huir no es una opción.

Nicasio duda. Entiende a Matías, sí, y a todos aquellos que quieren defender la libertad, pero él es un joven que poco puede hacer. Por unos instantes piensa en todo aquello que la maldita sublevación hizo desaparecer de repente: el rodaje del filme de la Venus Rubia, su sueño de trabajar en el cine con Armand y recorrer medio mundo como él... Todo eso es ya como las pavesas que la brisa matinal mueve entre el humo de las iglesias sobre el cielo de Madrid. Todo da igual, así que poco puede perder. Además, se siente en deuda con Matías por lo que ha hecho por él, por lo que le ha enseñado, por cómo le ha abierto los ojos para ver por vez primera el mundo que le rodea. Jamás le podrá agradecer todo lo que le ha descubierto desde la oscuridad de la sala del Capitol.

—¿Vienes o no? —le pregunta Matías desde la puerta.

—Voy, camarada —contesta, y el acomodador sonríe de oreja a oreja al escucharlo.

Para cuando llegan al Cuartel de la Montaña, Nicasio es consciente de que la ciudad se ha transformado en unas pocas horas. Las calles están llenas de hombres armados, con o sin uniforme, que realizan registros e incautaciones. Tropiezan con controles a cada paso, y Matías se harta de exhibir su carné violeta, que encabezan la hoz y el martillo.

—¡Paco, Paco! —gritan todos, poniéndose a cubierto cuando se oyen disparos aislados de un francotirador desde una terraza o una azotea.

El cuartel está rodeado por un grupo de milicianos y guardias de asalto que no dejan entrar ni salir a nadie. Se cuenta que por la mañana, al salir de misa, docenas de falangistas se han unido a los militares sublevados en su interior. Pese a algunos tiroteos esporádicos, las cosas parecen estar en calma. Mientras Matías habla con sus camaradas, Nicasio no deja de dar vueltas alrededor de dos carros blindados estacionados en la plaza de España y preparados para entrar en combate. Nunca vio tal cosa, ni sabía de su existencia. Son como dos grandes coches con la carrocería remachada con planchas de hierro y llevan sobre el techo una torreta por la que asoma el imponente cañón de una ametralladora.

Por la tarde, un tiroteo hace que todos se pongan a cubierto y Nicasio, impresionado, ve por vez primera la muerte ante sus ojos. Unos compañeros cargan a tres cenetistas muertos. Poco después llegan tres compañías de guardias de asalto y dos de la guardia civil entre los vivas eufóricos de los presentes. Unos milicianos comienzan a hacer sacos terreros con cemento de una obra de la Gran Vía y otros acarrean docenas de colchones de las casas próximas para construir una barricada en la cuesta de San Vicente. El asalto al cuartel parece inminente. Nicasio comienza a preocuparse y busca al acomodador entre todo el jaleo. Lo encuentra sentado con otros camaradas, fumando expectantes, como todos los que por allí andan.

—Mejor será que no te separes de mí, esto va a comenzar —le dice Matías al verlo.

Al anochecer, el alumbrado público no se enciende y todos los alrededores del cuartel quedan a oscuras, alumbrados solo por el claro de luna. La tensión crece por momentos y el silencio aterroriza. Todos saben que presagia la ruidosa llegada de la muerte. Solo los aplausos y vivas de los presentes rasgan la noche silente cuando dos cañones llegan a la plaza de España para situarse en la calle Ferraz y en Gran Vía, apuntando al cuartel.

A las seis de la madrugada se les da a los acuartelados un ultimátum de diez minutos para que depongan su actitud y salgan de cinco en cinco, con los brazos en alto. Como no obtienen respuesta, algunos milicianos disparan contra el cuartel hasta que los guardias civiles y de asalto ordenan que cese el fuego.

Las primeras luces del alba revelan la multitud que durante la noche se ha ido arremolinando en la plaza de España, Gran Vía, Ferraz y el paseo de Rosales. Parece que todo Madrid está allí para presenciar el asalto al cuartel, como si allí mismo, ante los ojos sorprendidos de los congregados, se fuese a librar la batalla decisiva que aplastará la sublevación militar de manera definitiva.

Un miliciano se acerca con una bandera blanca al portalón del cuartel de la calle Ferraz para negociar la rendición. Nicasio, emocionado, lo ve caminar con la misma osadía que los heroicos protagonistas de los mejores filmes. El miliciano no tarda en volver y, por unos altavoces instalados en las fachadas próximas, una voz conmina a los soldados sublevados a salir de su encierro, anunciándoles que quedan todos licenciados. Y de repente, sin aviso previo, los cañones disparan la primera descarga contra el cuartel. Esa es la señal para que todos, los de dentro y los de fuera, los expertos tiradores y los novatos, comiencen a disparar también sin control.

El estruendo es insoportable. Los que caen muertos o heridos dejan sus armas a los compañeros. Nicasio, parapetado tras una barricada, coge una pistola caída en el suelo, y Matías, a su lado, se la quita de las manos.

—¡No quiero que te mates! —le grita.

Un rumor desatado encima de sus cabezas hace que todos, los de dentro y los de fuera, miren al cielo y dejen de disparar por unos instantes. Dos aeroplanos sobrevuelan el cuartel y dejan caer dos bombas con un silbido ensordecedor. Las fuertes explosiones se escuchan en el interior del edificio, lo que desata la euforia de los asediadores.

—¡Abajo el fascismo, muerte a los fascistas! —chilla Matías fuera de sí ante la sorpresa de Nicasio.

Los disparos y cañonazos se suceden, y en la fachada se aprecian las primeras e importantes brechas. Por algunas ventanas del cuartel se asoman puños cerrados y algún trapo blanco. Todos los ignoran y el tiroteo prosigue incesante, desde dentro y desde fuera.

Cuando sobre las once de la mañana, tras horas de asedio, los primeros guardias civiles penetran en el cuartel y abren el portalón que da al paseo de Rosales, se inicia el asalto definitivo.

—Tú espera aquí —le ordena Matías a Nicasio saltando la barricada y corriendo como puede hacia el cuartel pistola en mano.

Nicasio se levanta para ver mejor lo que sucede, y ese es su gran error. El torrente de gente enloquecida que se dirige al asalto se lo lleva por delante, y no le queda más remedio que seguirlos si no quiere morir aplastado bajo sus pies.

Al entrar en uno de los patios del cuartel, Nicasio puede liberarse de la turbamulta y refugiarse tras unos cascotes. Asoma la cabeza y contempla aquel infierno caótico donde es casi imposible distinguir al amigo del enemigo, a los sublevados de los leales, a los asediados de los asediadores. Los oficiales del cuartel mudaron en soldados, y muchos soldados en milicianos que cantan la Internacional a voz en grito, pues les va la vida en ello. Todos se disparan entre sí y no hay piedad ni misericordia alguna.

De improviso, entre los cuerpos que alfombran el patio con un sangriento tapiz, Nicasio descubre a Matías, que intenta incorporarse como puede. Con determinación, deja su escondite y corre en su ayuda. En su camino tiene que sacarse de encima a otro chico que lo acomete llamándolo fascista y lo sujeta por el cuello. Nicasio le pide que lo suelte, que es un camarada, pero el otro aprieta aún más su cuello. Desesperado, Nicasio tantea a su alrededor y coge una piedra con la que lo golpea en la cabeza. Se lo quita de encima y contempla horrorizado lo que acaba de hacer. Su agresor está inconsciente y sangra por la herida abundantemente. Se arranca un trozo de camisa y como puede improvisa un vendaje. Lo deja allí y va hacia Matías, que permanece tumbado no muy lejos.

—¿Estás bien? —le pregunta descubriendo una herida terrible en su vientre.

Matías lo mira sin hablarle, entre ahogos. Nicasio le toma la cabeza, la apoya en sus piernas y descubre en los ojos del acomodador lo que ya intuye. Matías, en un esfuerzo final, le entrega su pistola y le cierra la mano sobre ella.

—En pie, famélica legión... —murmura el acomodador con un hilo de voz antes de expirar.

Rabioso, Nicasio alza la pistola, cierra los ojos y comienza a disparar a diestro y siniestro hasta quedarse sin balas.

—Calma, pequeño sóviet, que vas a acabar matando a uno de los nuestros —le dice una voz familiar haciéndole bajar el brazo.

Nicasio abre los ojos y se encuentra con Armand, que le sonríe fusil en mano.

—Vamos, no puedes hacer nada por él.

—Por aquel sí —replica Nicasio saliendo de su trance vengativo y homicida.

Entre los dos cargan fuera del Cuartel de la Montaña con el chico al que hirió. Tienen que abrirse paso a empujones y varias veces son encañonados por los milicianos. Armand conoce a casi todos, y de inmediato les abren paso entre disculpas y saludos.

—¿Sabes qué le ha pasado? —le pregunta el director libertario cuando ya bajan con él por una plaza de España en la que unos celebran la victoria y otros recogen muertos y atienden heridos.

—No —miente Nicasio avergonzado por su acción.

—Parece grave. Sé que han instalado un hospital de sangre en la cuesta de San Vicente.

Al llegar allí los heridos se cuentan por docenas, por lo que deciden seguir hasta Gran Vía, donde se ha establecido otro puesto en el cine Velussia, frente al que tantas veces había pasado Nicasio en sus paseos por la Gran Vía. Tras dejarlo allí a cargo de una enfermera, los dos comparten un cigarro bajo el enorme cartel que anuncia la proyección de la película musical *Vuelan mis canciones,* con Martha Eggerth y Hans Jaray. En esta ocasión, del interior de la sala no sale la música melancólica de Schubert como en días anteriores, sino los pavorosos lamentos de los heridos en el asalto.

—Siento mucho lo de Matías, chico.

—Lo sé —asiente Nicasio, incapaz de borrar de su cabeza la imagen de su benefactor muerto.

—¿Qué vas a hacer ahora?

—No lo sé..., enterrarlo.

—¿Tienes adónde ir?

—No quiero ir a su buhardilla.

Si quieres, puedes quedarte en mi casa hasta que encuentres otra cosa.

—Muchas gracias, Armand.

La sublevación en Madrid parece derrotada tras la toma del Cuartel de la Montaña, así como de los cuarteles de Carabanchel. En las calles todo es euforia y satisfacción: ni Barcelona ni Valencia ni Bilbao han caído. Han sabido resistir los embates de los militares rebeldes. Armand y Nicasio caminan juntos por la Gran Vía hacia El Retiro. El director, entusiasmado con la reacción popular, echa en falta una cámara para filmar esos momentos históricos del pueblo madrileño; el pequeño sóviet echa en falta a su mentor, a su familia, incluso a su padre. Ajeno a la alegría que lo rodea, siente que ha perdido la más importante batalla de su vida. Al llegar a la calle Alcalá, Armand lo saca de su ensimismamiento.

—¡Mira! ¡La victoria será nuestra! Con ese aliado no podemos perder —ríe a carcajadas.

Nicasio alza su mirada y ve la imagen de un niño Jesús a la entrada de una iglesia vestido de miliciano y con un cartel en su cuello que dice: «Traicioné al fascista y me hice comunista».

Días después, Matías es enterrado en el Cementerio del Este en presencia de Nicasio, Armand, Luis, portero del Maravillas, y algunos camaradas más del partido. Al final, mientras todos entonan la Internacional, Nicasio piensa en aquellas palabras hermosas y terribles que abrían el filme de Ronald Colman y las repite en voz alta como un responso para su amigo y benefactor.

—«Era el mejor de los tiempos, era el peor de los tiempos, la edad de la sabiduría y también de la locura; la época de las creencias y de la incredulidad; la era de la luz y de las tinieblas; la primavera de la esperanza y el invierno de la desesperación».

UN FOTOGRAMA INESPERADO

Las agujas del reloj de la película de Charlot sí que habían sido un presagio. El tiempo se agotaba. Pero no para mí, sino para el abuelo Nicasio.

Una semana más tarde, bien temprano, antes de marcharme al instituto y de que mis padres se fuesen al trabajo, sonó el teléfono de casa. Ante mi café con leche yo pensaba en saltarme las últimas horas de clase. Diría que me encontraba mal y regresaría a examinar con tranquilidad los papelorios del abuelo. Llevaba días esperando ansioso. Entre las clases y tener que estudiar para varios exámenes, no había tenido oportunidad. Además, mi padre había cogido una gripe fuerte y se había quedado varios días en casa. Confieso también que la ausencia de noticias de Gala desde nuestra conversación de aquel sábado en el autobús me había provocado cierta desgana. Sin sus ánimos, la pereza se apoderaba de nuevo de mí y las pesquisas no tenían acicate. Imaginé que tenía asuntos más importantes que atender en lugar de obsesionarme por la infancia de mi abuelo. Mientras cavilaba en todo esto, mi madre se secaba el pelo en el cuarto de baño y mi padre buscaba, mascullando, su té preferido en los armarios de la cocina.

Mi padre y yo nos miramos paralizados. Aún no habían dado las ocho y los dos sabíamos que a esas horas no podía tratarse de buenas noticias. Mi madre apagó el secador. El teléfono seguía sonando. No nos pidió que lo cogiésemos ni la escuchamos correr por el pasillo para cogerlo. Estaría pensando lo mismo que nosotros. El teléfono calló y a continuación el móvil de mamá sonó a lo lejos. Un rumor funesto. Salimos de la cocina y la vimos en el salón. Nerviosa, buscaba el móvil tanteando con las manos entre la mesa llena de papeles. No tardó en responder.

—Dime, Amalia —dijo con voz temblorosa.

No necesité escuchar más. El rumor funesto devino en realidad. Mi madre no añadió nada y no tardó en cortar. Nos miró con los ojos llorosos y el gesto descompuesto.

—El abuelo ha muerto —nos dijo.

Mi padre se acercó a ella y la abrazó mientras comenzaba a sollozar. No hice nada. Me quede allí plantado, indiferente, como un árbol tras un incendio: muerto pero aún erguido. Pasaron unos minutos, unas horas, no sé bien, hasta que mi madre se recuperó y comenzó a organizarse. Supuse que se trataba de una forma como otra cualquiera de pasar un trance tan difícil como ese.

—Será mejor que vayas al instituto como siempre y al mediodía hablamos —me ordenó mientras se sonaba con un pañuelo—. Ahora voy hacer unas llamadas. Tengo que avisar a Ramiro.

—¿Me necesitas? —le preguntó mi padre.

—No, vete a trabajar. Supongo que el entierro será mañana en Manzanares. Amalia está arreglándolo todo. Creo que lo llevarán al Tanatorio Norte.

Regresé a la cocina con mi padre.

—¿Estás bien? —me preguntó.

—Supongo que sí —dije sin mucho convencimiento.

Cuando salí de casa, mi madre hablaba por teléfono entre sollozos, amparada por mi padre, que finalmente había decidido quedarse con ella. No fui a la parada a coger el bus que hacía la ruta del instituto. Preferí ir caminando; aunque quedaba algo lejos y llegaría tarde, me daba igual.

Todo había terminado. No importaban los recuerdos y el pasado si el abuelo no tenía futuro, ni siquiera un presente. Sentía un gran vacío en el estómago. Tenía en la cabeza una maraña de cosas distintas. Estaba triste por ver en ese estado a mi madre, y por el abuelo también, claro, pero para lo que quedaba de él en su cuerpo, no sé... Todo resultaba muy complejo. Por primera vez la muerte me tocaba de cerca. La abuela Matilde había muerto cuando yo era muy pequeño y no la recordaba, y los padres de mi padre habían fallecido mucho antes de nacer yo.

Le mandé un *wasap* con la noticia a Gala y no me contestó. Al entrar en la calle del instituto escuché sonar el timbre y eché a correr de manera instintiva. Delante del portalón de entrada, entre sofocos, me vibró el móvil. Pensé que sería mi padre con alguna indicación sobre qué hacer al salir de clase. Me equivoqué. Era Gala. ¡Esta vez me llamaba!

—¿Cómo estás? —me preguntó sin saludos ni explicaciones.

—Raro —le respondí, y le decía la verdad: no sabía cómo calificar mi estado de ánimo.

—¿Y tu madre?

—Llorando —acerté a decir.

—Lo siento mucho, Nico —me dijo apesadumbrada.

Era la primera vez que pronunciaba mi nombre. Pese a ser un momento tan duro, me sentí reconfortado.

—Lo sé.

—Lo lamento, tengo que entrar en el insti, llego tarde.

—Yo también. ¿Hablamos después?

—No puedo, tengo clase todo el día. Te llamo yo. Besos, Nico.

—Gracias, Gala.

Llegué tarde a la primera clase y tuve que esperar en el aula de los retrasados. Del resto de las asignaturas del día ni me enteré. Un sopor intenso me aturdía. Como si aquella negra sombra del poema de Rosalía se tornase sobre mí para no abandonarme jamás. Antes de marcharme informé al tutor de lo de mi abuelo y le dije que al día siguiente no vendría, que debía acudir al entierro. Él fue muy amable y me dio su pésame para toda la familia.

Al llegar a casa, sobre las tres, mi padre me había dejado una nota en la cocina. No vendrían a comer. Podía coger lo que quisiese del congelador y sobre las cinco ir al tanatorio. Tendría que ir en metro a Cuatro Caminos y coger allí el autobús 124 o el 66. Él me llamaría para ver qué tal lo llevaba.

Cogí una pizza barbacoa, la metí en el microondas y encendí la televisión del salón. La lata con los recuerdos del abuelo seguía bajo mi cama. No me atrevía a cogerla; me parecía una traición ponerme ahora a curiosear, con su cuerpo aún caliente.

Tras comer, me quedé dormido en el sofá hasta que me despertó el zumbido del móvil.

—¿Qué tal va todo? —le pregunté somnoliento a mi padre.

—Imagínate. ¿Prefieres que te vaya a buscar en coche?

—No, no, quédate con mamá. Cojo un bus.

—Está bien. Nos vemos en un rato.

Dejé la loza en el fregadero, me lavé la cara y los dientes y salí disparado hacia la parada del metro. No me apetecía ir al tanatorio, pero no tenía otro remedio. En estos momentos supongo que la familia debía permanecer unida. Además, quería ver a mi madre y darle el abrazo que no le había dado por la mañana cuando me quedé paralizado por la noticia.

Bajé del autobús en una calle adyacente a la del tanatorio y al descubrirlo me quedé sorprendido. Se trataba de un edificio moderno de cristal. Parecía un pabellón polideportivo o un hotel.

No sé por qué, pero lo había imaginado más discreto. Subí las escaleras, llenas de fumadores impenitentes vestidos de negro, y entré en el gran vestíbulo. No me hizo falta preguntar a la mujer que, vestida como una azafata, estaba tras un mostrador. Descubrí a mi padre y a mi tío Ramiro hablando algo acalorados. Me aproximé a ellos y, al verme, disimularon como pudieron. Me quedó claro que discutían.

Ramiro había sido siempre la oveja negra de la familia, un poco tarambana, siempre metido en extraños negocios de los que los mayores hablaban entre murmullos cuando los más jóvenes estábamos cerca. Pese a todo, era mi preferido, y sé que de mi madre y del abuelo Nicasio también.

—¿Qué tal, chaval? ¡Cómo has crecido! —exclamó revolviendo mis mechones con su manaza.

—Ya he cumplido los diecisiete.

—¿Cómo ha ido todo? —me preguntó mi padre.

—Bien. ¿Y mamá?

—En la sala, con la tía Amalia. Venga, vamos.

—Yo, si no os importa, tengo que irme. Volveré luego —se disculpó mi tío marchándose con apuro.

—Siempre igual —rezongó mi padre mientras Ramiro se alejaba.

Procuré separarme lo menos posible de mi padre mientras avanzábamos por aquel interminable laberinto de pasillos, escaleras y cristal. Al llegar a la sala vi a mi madre sentada en un sofá junto a la tía Amalia. Fui hacia ellas y besé y abracé a mi tía; con mi madre no me atreví, ignoro por qué.

—Ya ves, Nico, ya ves —musitó Amalia con honda pesadumbre.

Mi madre tenía los ojos irritados de llorar e iba vestida de negro, igual que la tía.

—¿Qué tal todo? —me preguntó mamá.

—Bien, ¿y tú?

—Estoy bien. No te preocupes, ¿vale? —me dijo apretándome la mano.

—De acuerdo.

—¿Y Ramiro? —le preguntó Amalia a mi padre.

—Ha tenido que marcharse.

—Será mamón.

—¡Amalia! Estamos en el velatorio de papá —le recriminó su hermana pequeña.

—Me da igual, estoy segura de que fue él quien entró en la casa. Unos días antes había venido a pedirme dinero y...

—Déjalo ya, por favor —le rogó mi madre mirando hacia mí.

Comenzó a entrar en la sala gente a la que no conocía de nada. Se aproximaban a mamá y a la tía para darles el pésame. Al fondo, tras una cristalera, atisbé un féretro rodeado de coronas de flores y a mi tío Manuel observándolo en silencio. Por nada del mundo pensaba acercarme a saludarlo.

—Tus primos están en la terraza. Ve con ellos, si quieres —dijo mi padre.

Salí de la sala esquivando a la gente y los vi en el exterior fumando. Atravesé la puerta y nos saludamos. El tiempo había pasado para todos, pero yo seguía siendo el más joven, algunos incluso se habían casado y tenido hijos.

—¿Quieres? —me preguntó uno de ellos ofreciéndome un cigarro.

Yo dudé unos instantes y acepté su ofrecimiento. No sé, me pareció una oportunidad tan buena como cualquiera otra para probarlo. Mi primo me dio fuego, aspiré el humo y tosí un par de veces.

—Si el abuelo te pilla con el cigarro, te lo hace comer —comentó uno de ellos, y todos se carcajearon.

—Seguro. Bueno era él... —insistió otro mientras yo apagaba el cigarro en un macetero.

—¿Os acordáis de los veranos en su casa de Manzanares?

—Sí, qué malas pulgas tenía el viejo. Siempre gritándonos.

—Lo hacíamos rabiar mucho, siempre corriendo por su huerto —quise justificarlo.

—Era un mal bicho.

—Sí, un cabrón amargado. A mí una vez me dio una buena bofetada.

—¡No es cierto! Era un buen hombre. Si vosotros supieseis las que tuvo que pasar de niño. ¡Era vuestro abuelo! —les grité con los ojos llorosos harto de sus crueles comentarios.

—¡Pero qué te ha picado, Niquito! —me dijo uno de ellos, muy condescendiente, como si hablase con un niño.

—¡Dejadme en paz, capullos!

Regresé a la sala de velatorios. Mi madre y mi tía permanecían rodeadas de gente. Imposible acercarme a ellas. Decidí bajar al vestíbulo y salir a tomar un poco el aire. Lo necesitaba para no ahogarme allí dentro, entre tanto cristal, como un pez en un acuario sin agua.

Ya iba a salir cuando vi a mi padre en la barra de la cafetería. Me aproximé y lo descubrí revolviendo con desgana un té con hielo.

—¿Tú tampoco los soportas, no? —le solté sin pensarlo mucho.

—¿Qué? ¿De qué hablas? ¿Estás bien? —preguntó sorprendido, aunque podría asegurar que me había escuchado perfectamente.

Permanecí callado, suplicándole con la mirada que fuese sincero. Lo necesitaba. Él se percató de mi silenciosa súplica y no me defraudó.

—Ya eres bastante mayor, y llevas razón. No congenio mucho con los hermanos de tu madre —me confesó en un arrebato de sinceridad.

—Ni yo con sus hijos.

—Esos son peores. La raza va degenerando —sonrió él, y yo lo secundé.

—¿Por qué discutías con el tío Ramiro?

—No discutía con él, intentaba calmarlo. Pese a la mala fama que tiene, es de lo poco salvable de esa familia.

—Y mamá, claro.

—Claro. —Esbozó una sonrisa.

—¿Y el abuelo?

—El viejo también. Un buen hombre, de otra generación y un poco huraño, pero noble. Yo lo apreciaba mucho. ¿Quieres tomar algo y acompañarme?

—Un zumo de piña, por favor —le pedí al camarero que pasó ante nuestra mesa.

—¿Mamá qué tal está?

—Bien. Lo del abuelo lo esperábamos, estaba muy viejo. Lo que más nerviosa la pone es juntarse con su familia, aunque no lo va a reconocer nunca. Cuando todo esto del entierro pase y los tenga de nuevo lejos, estará mucho mejor.

No hablamos mucho más, excepto por algún comentario intranscendente sobre la gente de nuestro alrededor. Lo mismo me daba. Yo sabía que esa breve conversación había sido un paso más. Ya no existían secretos ni murmullos. Mi padre me había hablado de tú a tú, como se habla a un igual, no a un hijo de diecisiete años, y yo le estaba muy agradecido.

—¿Puedo marcharme?

—Yo también lo haría ahora mismo si pudiese. ¿Quieres que te lleve?

—No, regreso en bus. Despídeme de mamá.

—Vale, supongo que no llegaremos muy tarde. Mañana será un día muy largo.

Eché a correr para no perder el bus. En Cuatro Caminos tomé el metro, dejé atrás mi calle y seguí hasta Sol. Necesitaba pensar en todo lo ocurrido.

En la Puerta del Sol había mucha animación. Faquires, monjes budistas, soldados y viajeros inmóviles como estatuas de mármol extendían sus manos vacías a los transeúntes. Hombres anuncio con sus cartelones de casas de empeños y de compraventa de oro y joyas. Subsaharianos que vendían DVD y falsos bolsos de marca con los que sacar unos euros para malvivir, carteristas a la caza de un turista inocente...

Me metí por la calle Mayor y husmeé con desinterés en los comercios. Casi al final de la calle, en el cruce con Bailén, entre una tienda de *souvenirs* de toros y flamencas, y una guitarrería, descubrí un pequeño escaparate repleto de libros. Pertenecía a una librería llamada así, La Librería, que tenía un lema: «Libros de Madrid». Me llamó la atención un volumen en el que bailaba una mujer rubia y desnuda en la portada; parecía una fotografía antigua. El libro trataba del cine durante la guerra civil. Yo estaba seguro de conocer aquella imagen amarillenta, la había visto recientemente en algún sitio. Conocía de algo a aquella mujer. No llevaba suficiente dinero para comprar el libro, así que me di la vuelta en dirección a Sol, donde tomaría el metro de vuelta a casa. En el camino de regreso no pude sacarme de la cabeza aquella imagen de otro tiempo..., de un tiempo viejo como el abuelo Nicasio. ¡Claro! Había visto la foto entre los papelorios de la lata.

Mis padres aún no habían regresado del tanatorio cuando llegué a casa. Corrí directo a mi cuarto. Saqué la lata de debajo de la cama, revisé los papeles en busca de la imagen y la encontré. Se trataba de un recorte, muy sobado, de una revista. No tenía dudas: era ella. En el pie de foto aparecía un nombre case ilegible; Marlene Grey, intuí que ponía. Encendí el ordenador y metí su nombre en el buscador. En 0,48 segundos me devolvió más de 927 000 resultados.

Marlene Grey, también conocida por el apodo de la Venus Rubia, fue una vedete francesa que llegó a España en los años treinta acompañada de su marido, que también era artista: mimo y contorsionista. Habían actuado en el Circo Price y en el Teatro Maravillas desde el año 1934. En su número de variedades, Marlene bailaba desnuda dentro de una jaula con cuatro leones que un domador mantenía a raya con un látigo. Su espectáculo había causado sensación en la ciudad, y la gente abarrotaba el teatro pagando una peseta para ver a aquella escultural diosa a merced de las fieras salvajes. Seguro que muchos de los hombres presentes pagarían por convertirse en uno de los leones enjaulados que tenían ante sus fauces aquella piel de alabastro.

La fama de la vedete era tanta que incluso protagonizó una película titulada *Carne de fieras*, que se rodó en Madrid en plena guerra civil y dirigió un director anarquista llamado Armand Guerra, un bohemio que había hecho cine mudo en Berlín y París en la primera década del siglo XX. La vida del cineasta había sido una verdadera aventura, fiel reflejo del tiempo convulso que le tocó vivir: seminarista, tipógrafo, actor, políglota, guionista, periodista, director, productor... y, ante todo, un rebelde y militante anarquista. Un hombre comprometido con sus semejantes. Incluso, por lo que leí, había introducido el cine sonoro en España, presentando en Valencia en el año 1926 una película en la que él mismo participaba como actor.

Encontré muchas referencias al libro que había visto en el escaparate de la librería de la calle Mayor. Trataba, fundamentalmente, del rodaje de esa película y de la historia de sus participantes, así como de otras dos que se habían filmado también durante la guerra. La película de Armand Guerra nunca llegó a estrenarse, y él se marchó al campo de batalla, a primera línea, a filmar documentales en favor de la causa republicana.

El negativo del filme estuvo perdido durante cincuenta y cinco años, hasta que un coleccionista compró en el Rastro los cuarenta y dos rollos de la película que más tarde vendería al ayuntamiento de Zaragoza, cuya filmoteca la había restaurado y montado antes de estrenarla en su sede en 1992.

La historia resultaba asombrosa. Quién podía imaginarse que en una película del año treinta y seis una mujer saldría desnuda.

Por lo que vi y leí, eso no había sido una excepción: durante la II República se gozó de mucha libertad y las costumbres resultaban bastante relajadas. Canciones picantes, vedetes desnudas en los teatros y en las portadas de muchas revistas, colecciones de novelas populares eróticas, cuando no directamente pornográficas. Busqué sus cubiertas y me quedé atónito con algunos de sus títulos e ilustraciones; incluso encontré una, *El triunfo de Carmela,* en la que dos mujeres vestidas de colegialas se besaban apasionadamente.

Ese Madrid libertario, divertido, canalla y jaranero del que se hablaba pronto desaparecería bajo las bombas, así como todas las conquistas sociales de la República, sobre todo las de las mujeres. Luego vendrían cuarenta años de represión y de una dictadura opresiva.

Lo mejor de todo era que *Carne de fieras* estaba íntegro colgado en YouTube. No duraba mucho, poco más de una hora, así que me dispuse a verlo. El argumento me pareció esperpéntico y los medios escasos, pero imaginando las terribles circunstancias en las que se había rodado, suponía toda una proeza. Cuando llevaba un cuarto de hora viéndolo, sonó mi móvil: un *wasap* de Gala.

—He subido algo para ti. *Bicos.*

Detuve la película, abrí otra pestaña y entré en su canal de YouTube. Había subido un nuevo vídeo y me lo dedicaba: «Para un amigo que lo está pasando mal, con cariño».

Cantaba a cappella, sin acompañarse de la guitarra. La canción, hermosa y triste a la vez, se titulaba «Alalá das Mariñas». Antes de que terminase y de que Gala se quedase unos segundos mirando a la cámara fijamente, las lágrimas corrían por mis mejillas. La repetí varias veces hasta comprender la letra, que, pese a estar en gallego, no me resultó compleja. Los versos que más me gustaron decían:

... teño paz e teño amor e estou vivindo no ceo.

Esperaba que el abuelo Nicasio, allá donde estuviese, tuviese también paz y amor.

Tras verla por última vez, le di a pausa y observé el rostro de Gala con detenimiento. Podría asegurar que esa mirada final me la dedicaba a mí. En sus ojos había tristeza y consuelo y amor. En un arrebato, cogí el móvil y le envié un *wasap*:

—Te quiero.

Nada más enviarlo, me arrepentí, pero no podía hacer nada. Se trataba de la mayor idiotez que había hecho últimamente, o más bien nunca. Una idiotez mayor incluso que entrar a escondidas en casa del abuelo Nicasio en

Manzanares. Avergonzado por lo que Gala pudiese pensar de mí, apagué el móvil. Temía su respuesta. Si les contase todo esto a mis colegas en el instituto, reirían sin parar durante semanas.

¿Cómo podía enamorarme de una chica a la que no conocía y de la que no sabía casi nada? Todo parecía sacado de una mala comedia romántica americana. Me sentía completamente chafado. No sabía cómo saldría de esta.

Me disponía a apagar el ordenador cuando me percaté de un detalle de la imagen congelada de la película de Armand Guerra. Puse la imagen a pantalla completa. El fotograma se veía algo pixelado, pero estaba casi seguro, pese al cambio respecto a la foto de Arévalo: allí, pasando por la calle junto a unos milicianos, mientras el protagonista y su compadre tomaban algo en una terraza, aparecía mi abuelo Nicasio. Tenía que ser él. Si no, ¿qué sentido tenía la vieja imagen de Marlene que había guardado como un tesoro? Por otra parte, era demasiada coincidencia. El azar, las casualidades, solo ocurrían en el cine, no en la realidad. No lo sabía —quién podía saberlo tanto tiempo después—, pero lo que sí tenía claro fue esa primera impresión que me asaltó pese a lo borroso de la imagen. Además, una cosa era ver una foto suya y otra verlo caminar por las calles del Madrid de julio de 1936. Y mucho más ahora que había muerto; como un fantasma que viniese del pasado a perseguirme. No me tenía por un miedoso, pero me sentía algo asustado. A pesar de todo, le di al *play* y vi varias veces su imagen en movimiento. Durante un instante parecía mirar de frente a la cámara y sonreír, algo que ni el más humilde extra haría jamás. Por eso me quedaba la duda de si la escena se había rodado en la calle y él pasaba por azar —demasiadas casualidades juntas—, o si realmente había trabajado como figurante en el filme. Busqué en la red la foto del reparto posando tras las rejas de los leones en el teatro, con la vana esperanza de verlo también allí, pero no aparecía. Ante el fotógrafo solo posaron los actores principales, el director, el productor y algunos técnicos.

En ese momento oí el timbre y cómo se abría la puerta de la entrada. Mis padres habían vuelto del tanatorio. Con la impresión y todas mis suposiciones aún frescas, apagué el ordenador y salí apurado por el pasillo para darle a mi madre el fuerte abrazo que le debía desde la mañana, cuando escuché la noticia de la muerte de Nicasio, su padre, mi abuelo.

VELÁZQUEZ, 65

Pese a la provisional victoria sobre los sublevados, Madrid no vuelve a la normalidad, y desde cualquier terraza o azotea los *pacos* disparan al azar contra los transeúntes. Así inician los milicianos una desesperada caza del hombre en la que no cabe la misericordia ni la compasión. Sobre cualquiera cae la sospechoso de ser traidor o faccioso. Una minucia puede llevarlo a uno ante un tribunal popular, un comité revolucionario o una checa, para terminar juzgado y condenado a muerte en unos instantes. Los porteros de los edificios se convierten en figuras temibles que hacen de la delación su arma más poderosa y, omnipotentes, deciden con crueldad sobre la vida y la muerte de sus vecinos.

Los espectáculos vuelven a abrir sus puertas, pues los madrileños necesitan entretenimiento y que les fortalezcan la moral. En algunos frontones vuelven a golpear con fuerza las pelotas de cuero y a correr las apuestas. Los proyectores alumbran la oscuridad de las salas de cine con imágenes de los grandes logros alcanzados por la revolución rusa y el comunismo. En los teatros se celebran festivales benéficos en favor de la causa republicana y en ellos actúan las estrellas del momento: El Ruiseñor Navarro, los payasos Pompoff y Teddy, Estrellita Castro, el *clown* Ramper, Pastora Imperio... Los periódicos, tras varios días sin salir de las rotativas, regresan a las calles, exacerbando más los ánimos de muchos madrileños al contar las terribles masacres de los sublevados en muchos lugares de España, en especial por parte de las tropas de moros llegadas de África: pillajes, violaciones, mutilaciones... Nadie, ni niños ni mujeres ni ancianos, está a salvo de su levantina sed de sangre.

Mientras, a lo lejos, por el norte, en la sierra de Guadarrama y en Somosierra, la lucha de los milicianos continúa y la llegada a la ciudad de heridos del frente es constante, por lo que se abren hospitales de sangre provisionales en colegios como el de los Salesianos, en lujosos hoteles como el Ritz y el Palace, en el convento de las Mercedarias o en frontones como el de Recoletos.

En Manzanares el Real, a unos cuarenta kilómetros de la capital, los combates más violentos suceden el 21 de julio con la participación de un biplano Breguet XIX que bombardea a los sublevados que se han hecho fuertes en el castillo de la villa. Llegan también milicianos de Chamartín de la Rosa y Colmenar Viejo para apoyar a los republicanos locales en el asedio. Con el rugir del motor del aeroplano y las explosiones, muchos vecinos huyen despavoridos en busca de refugio en los montes, en los pueblos del contorno o incluso en Madrid. La familia Andrés, asustada también ante los violentos acontecimientos, envía a su única hija adolescente en un automóvil de unos vecinos para que se refugie hasta que se calmen las cosas con una prima que sirve en una casa importante del barrio de Salamanca de la capital.

La joven, escondida en las sombras de un portal frente a una casa de la calle Padilla en la que trabaja su prima, aguarda, atemorizada, para verla. Por la calle pasan automóviles de hombres armados pegando tiros al cielo y profiriendo amenazas e insultos a los habitantes del barrio.

—¡Prepararos, preparaos, que pronto vendremos a por vosotros! —gritan por la ventanilla de un camión.

—¡Burgueses! ¡Traidores! —añade el coro de milicianos que viaja en la trasera.

La joven está a punto de desistir y buscar un mejor escondite cuando ve surgir por la esquina a una mujer que carga unas bolsas de víveres. Tarda unos segundos en reconocerla por el tiempo que lleva sin verla. Teme asaltarla en la calle, por lo que espera a que acceda al edificio; en ese momento se cuela tras ella, sigilosamente, en el vestíbulo.

—¿Quién anda ahí? —pregunta la asustada sirvienta al sentir una presencia a sus espaldas.

—Luisa, soy yo, tu prima Matilde, de Manzanares.

—¡Qué susto me has dado, condenada!

Luisa deja las bolsas y le da un sentido abrazo a la prima, aunque se extraña de verla. Sus relaciones con esa parte de la familia no son muy fluidas.

—¿Estás bien? ¿Qué haces aquí?

—Me envían mis padres. En el pueblo las cosas andan mal.

—¿Y qué vamos a hacer?

—Me dijeron que me quedase en tu casa.

—¡Pero yo no tengo casa, mujer! ¡Vivo con mis señores!

—¡Oh! —exclama Matilde decepcionada.

—No te preocupes, que algo encontraremos, mi niña.

De pronto oyen que alguien revuelve fuera unas llaves y que el portal se abre. Matilde se queda maravillada con la aparición de una mujer con maletín y vestida como jamás había visto; parece una de esas modelos que ha visto alguna vez en las gacetas: guapa, elegante e independiente.

—¿Qué ha pasado, Luisa? —pregunta la mujer a su empleada, quitándose el sombrero.

—Lo siento, señora. Es mi prima pequeña, que ha aparecido así de repente.

—¡Pues qué bien, una visita! Que suba y le haces un té. Hola, encantada... Soy Zenobia Camprubí —le dice la mujer, extendiéndole la mano, muy resuelta.

Matilde no sabe cómo reaccionar ante la cordialidad de la señora. Se aproxima a ella y le da la mano a la vez que hace una extraña genuflexión.

—Qué encanto, ja, ja, ja —ríe Zenobia ante su gesto.

—Gracias, señora.

Mientras suben las escaleras, Luisa recuerda algo.

—El señor no está...

—¿Cómo? ¿Ha salido? ¿Sin mí?

—Vinieron a buscarlo en un automóvil; iba a la radio a hablar, me dijo que sobre las cinco.

—Pues tenemos que apurarnos, que ya pasan, Luisa. Anda, dame, que vas muy cargada —dice quitándole una de las bolsas de las manos.

Matilde sigue sin dar crédito ante el comportamiento de aquella mujer extraordinaria. No se parece en nada a las señoritingas de Manzanares, que tratan a sus criadas como los niños más brutos a los perros abandonados.

Una vez en el piso, Luisa y Matilde van a la cocina a preparar el té. Zenobia se lanza sobre el aparato de radio del salón. Nerviosa, gira el dial hasta que encuentra la voz solemne y andaluza de su marido y se sienta a escucharlo. Matilde lo oye también desde la cocina y se queda fascinada. «Debe de tratarse de un hombre muy importante para hablar así y hacerlo en la radio», piensa.

—... pero que la destrucción y la muerte no pasen más de lo inevitable o merecido. ¡No matar nunca, no destruir nunca a ciegas! ¡No debe ser ciega la fe en el noble pueblo español! —anuncia con vehemencia el altavoz de la radio.

—¡Bravo, Juan Ramón, bravo! —grita con entusiasmo Zenobia, aplaudiendo y saltando como una niña, ante la sorpresa de Matilde, que la espía.

Tras ese fervoroso arrebato, Zenobia recupera la compostura, apaga la radio y se une a Luisa y Matilde en la cocina para compartir con ellas el té con pastas, como una más. Interroga a Matilde sobre su situación y les comenta todo lo acontecido en el Instituto Oftálmico, donde se presentó para ayudar como enfermera voluntaria en el hospital de sangre, montado para atender a los muchos heridos que llegan de la sierra.

Al atardecer, la insistencia y tozudez de Zenobia, que se niega en redondo a que una joven se vaya a la calle en esas terribles circunstancias, hace que Matilde se quede en casa, al menos provisionalmente, y comparta con su prima el cuarto anexo a la cocina.

—Y tú, Luisa, no te preocupes por nada, mujer, que todo se arreglará.

—Gracias, señora —dicen las primas a la vez.

—Además, en unos días no nos vendrán mal otras manos.

—No me asuste, señora —dice Luisa.

—No, mujer, solo que las cosas van a cambiar mucho por aquí —añade Zenobia con misterio y esbozando una sonrisa franca y hermosa, justo cuando se abre la puerta de entrada y surge su esposo, Juan Ramón Jiménez, un poco acalorado.

Matilde comienza a ayudar en las labores de la casa de los Jiménez. Su prima Luisa, que está algo mayor y vive muy preocupada por un hermano suyo miliciano que está luchando en la sierra, le va indicando cómo hacer todo de la manera que más le agrada a doña Zenobia.

—Solo existe un lugar donde no puedes poner un pie —le advierte Luisa abriéndole la puerta de una habitación.

Matilde mete la cabeza y se queda estupefacta: aquel cuarto nada tiene que ver con la exquisita decoración y organización del resto de la casa. La estancia parece el almacén de un chamarilero loco. Los estantes que cubren las paredes están atiborrados de volúmenes arrumbados de cualquier manera. Por el suelo, pilas de periódicos y revistas hacen casi intransitable el cuarto. Sobre el escritorio, también torres de libros, papelorios, plumas y cuadernos. Matilde jamás ha visto tantos libros juntos; en realidad nunca se le ha pasado por la cabeza que pueda haber tantos libros en el mundo. Libros para ella indescifrables que siempre la han atraído con fuerza, quizá porque casi no puede leerlos, pues desde muy pequeña tuvo que ayudar en casa y cuidar de sus hermanos.

—Ni se te ocurra recoger o tocar un solo papel. Lo que para nosotros es un desastre para el señor es orden. Esta es su guarida, su santuario. Aquí pasa la mayor parte del día encerrado, trabajando en sus versos.

—¿Es escritor? —pregunta con sorpresa la joven, que creyó que se trataba de un político tras escucharlo en la radio.

—¡Ah, Matilde, dónde estás! ¡Es uno de los más grandes y respetados poetas del país!

Una vez concluida la limpieza, las dos primas preparan una comida frugal para los Jiménez.

Zenobia y Juan Ramón comen y hablan de los terribles acontecimientos de los últimos días. En el instante en que Luisa les sirve el postre en la mesita contigua a los divanes, Zenobia aprovecha para comunicarle sus planes a su esposo: quiere acoger a algunos de los muchos niños abandonados a causa de la sublevación.

—Los de Protección de Menores me han dicho que nos los entregarán mañana.

—Zenobia, sabes que nadie está más preocupado que yo por esos pobres infantes que vagan por las calles perdidos, con sus caritas tiznadas por el miedo y la desesperación, pero no sé cómo nos las vamos a arreglar.

—Ya tengo todo organizado: los instalaremos en uno de los pisos de Velázquez que ahora está vacío...

—Sabes que me ofrecí a varios ministros amigos para lo que necesiten —la interrumpe—. Y bien sabes que no he cobrado el dinero de esos derechos que tanto esperábamos.

—Lo sé, mi amor, pero eso no es suficiente. Además, una prima de Luisa, Matilde, nos echará una mano con ellos. Tú no te preocupes.

Luisa empuja a Matilde al salón y, avergonzada, la joven hace una tímida reverencia antes de correr de vuelta a la cocina. Matilde se queda abismada ante la presencia del poeta. Le parece un fraile, casi calvo, con la barba cana, las cejas pobladas, sus hundidos ojos oscuros y su suma delgadez. Si no se lo advirtiesen, podría confundirlo con el padre de doña Zenobia, piensa.

—¡Ah, cuánta dulce inocencia en medio de esta barbarie! —exclama el poeta con una sonrisa en los labios en cuanto Matilde se retira.

—¿Estás de acuerdo, entonces? —le pregunta Zenobia.

—Si tú lo dices, todo estará bien. ¿Dejarás el hospital, no?

—¡De ninguna manera!

Zenobia mira con malicia a su esposo, que permanece recostado en el diván, y le hace ojitos.

—No, Zenobia, ni lo pienses —se repone él incorporándose en un arrebato poco habitual.

—Pero si tú mismo dices que con todo este alboroto no eres capaz de escribir. Además tienes muy buena mano con los niños.

—Está bien, Zenobia, está bien —se resigna el poeta ante la determinación de su mujer.

—Muchas gracias, mi amor. —Zenobia se acerca a Juan Ramón y le da un abrazo que él acepta a regañadientes.

Mientras el poeta se queda en su despacho, rodeado de cientos de libros, revistas y diarios, Zenobia, acompañada de Luisa y Matilde, se dirige a la calle Velázquez para acondicionar la vivienda donde acogerán a los niños. Limpian, ordenan y disponen los dormitorios. Unos hombres pertenecientes a la milicia ciudadana instalada en el número 67 les echan una mano subiendo unos colchones. Nadie es capaz de resistirse al encanto y a la determinación de Zenobia, quien además ha recibido una orden del Servicio de Menores para que le presten toda la asistencia necesaria.

Después de una tarde de duro trabajo y ajetreo, hombro con hombro, Matilde sigue fascinada con Zenobia, con su disposición y con la confianza que le ha mostrado sin conocerla de nada. Matilde cavila en que si los ángeles del cielo existen tienen que ser por fuerza tan bondadosos y generosos como ella. Y piensa también que no todo está perdido y que las cosas se arreglarán, que tanta bondad no se puede echar a perder. Si el ejemplo de doña Zenobia se extendiese, inmediatamente todo volvería a la normalidad y todos recordarían esto como un mal sueño. Así no tardaría en regresar a Manzanares con su familia.

Agotadas, las tres mujeres regresan a casa. Lo hacen a buen paso, que está atardeciendo y el temor las invade. No transcurre una noche sin que se oigan gritos o disparos contra los habitantes del barrio. Y Luisa sabe, por otras compañeras, de familias enteras que los milicianos se llevaron detenidas.

Llegan sin novedad al piso primero izquierda de la calle Padilla, 38 y Zenobia se va derecha al despacho de su esposo para comentarle todo lo que han hecho y lo bien que ha quedado el piso para los niños.

—Me han ofrecido la presidencia de la Alianza de Intelectuales Antifascistas —le informa el poeta nada más abrir ella la puerta.

—¡Qué gran honor, Juan Ramón! —exclama Zenobia entusiasmada, dejando de lado el asunto de los niños.

—La he rechazado —añade el poeta con sequedad.

—¿Por qué? —Zenobia sabe muy bien lo poco que le gusta figurar a su esposo y lo reacio que es a los pronunciamientos públicos, salvo que sean estrictamente necesarios.

—Por tus niños. Además, querían que nos instalásemos en el palacio de Zabalburu.

—¿Nosotros en un palacio?

—Como lo oyes, por eso me negué —concluye bajando la mirada para no cruzarla con la de ella.

Zenobia se percata de su gesto y concluye que hay algo más. Se acerca a él tras el escritorio, se sienta en el brazo de su silla y permanece callada a su lado. Juan Ramón se revuelve incómodo ante tal proximidad física y no tarda mucho en rendirse a su silencioso e intimidatorio acoso. Al poeta siempre le ha maravillado esa especial habilidad de su mujer para saber con toda certeza cuándo le oculta algo. Ese mirar suyo inquisitivo, como de un águila recelosa pero cariñosa, que tanto le recuerda al de su difunta y añorada madre Purificación en su infancia amarilla, de niño soñador, bañada por el sol de Moguer.

—También le dije a María Zambrano que al menos la mitad de esos que ahora se proclaman antifascistas eran fascistas bien conocidos hasta hace nada.

—Tú siempre haciendo amigos, Juan Ramón —sonríe ella, y le planta un beso en su frente despejada.

Armand se muere por acudir a la sierra a filmar la valerosa lucha de los milicianos, del Pueblo con mayúsculas, como dice con gravedad.

—Mi lugar está en el frente, rodando las gestas de los compañeros en su combate contra los fascistas —repite con insistencia.

Los dirigentes del sindicato de la CNT en la calle Luna le han dicho que debe continuar con el rodaje. La subsistencia de todos los trabajadores de la película depende de que esta siga adelante, y muchas de las familias tienen a sus hijos defendiendo con arrojo el puerto de Navacerrada o el alto del León para contener a las tropas del temible general Mola, que se cuenta que vienen en camino desde el norte para tomar la capital a sangre y fuego.

Y el rodaje de *Carne de fieras* se retoma, esta vez con un nuevo miembro en el equipo, Nicasio, que como chico para todo hace aquello que le ordenan. Armand incluso le ha sacado el carné del sindicato por lo que pudiese pasar.

—Ya sé que tú preferirías uno con la hoz y el martillo —se burla el director.

—Me da lo mismo. Muchas gracias —le agradece Nicasio con sinceridad, pues sabe bien que un carné de esos puede significar salvar el pellejo si uno tropieza con una patrulla de milicianos de las muchas que campan a sus anchas por la ciudad.

—No iba a permitir tener en mi película a un trabajador no sindicado. Un director debe predicar con el ejemplo.

—¿Quién es? —le pregunta Nicasio por el hombre que lucha con un león, ceñidos ambos por una corona de laurel que aparece en la cubierta roja y negra del carné.

—Hércules, el mayor héroe de la Antigüedad. Su lucha incansable representa la de todo el proletariado del mundo por liberarse del yugo opresor del patrón y del Estado —le aclara el director, dando gran énfasis a cada una de sus palabras.

El trabajo de la película avanza lentamente, estorbado por numerosas dificultades y obstáculos. Algunos de los miembros del equipo técnico se han ido a luchar a la sierra, y Armand debe multiplicarse para hacer de todo. Otras veces carecen de vehículos y tienen que transportar el material en metro o en tranvía hasta El Retiro, ante los ojos atónitos de los pasajeros. Nicasio sigue de cerca a su director e intenta cumplir, mejor o peor, todas sus órdenes y encomiendas. Tras terminar la filmación en El Retiro, el equipo se traslada a la plaza de Cuatro Caminos para rodar la última escena de exteriores que les falta antes de pasar a los interiores. Pablo, el púgil, y su mánager Picatoste llegan a la plaza en taxi, y al advertir que han perdido el tren se sientan en una terraza a conversar mientras una niña se les acerca para venderles unas flores.

Pese a la sencillez de la escena, tienen que realizar varias tomas, pues la plaza es un hervidero de gente que va y viene. Armand ordena a Nicasio que haga de policía e intente controlar a los transeúntes que circulan por la acera. Al ver la cámara, muchos de ellos, en lugar de seguir su camino, se detienen y saludan, estropeándolo todo. En una de estas es el propio Nicasio quien cruza por delante del encuadre para evitar que unos niños interrumpan. Inconscientemente, mira hacia la cámara y sonríe. Armand le hace un gesto para que siga su paso sin detenerse.

—Siento haberla fastidiado —se disculpa ante el director.

—No, no, es la mejor toma que hemos hecho en toda la mañana y así va a quedar. Andamos mal de tiempo y de película.

—¿Conmigo? —pregunta sorprendido Nicasio.

—Pues sí. Siento que no tuvieses frase, pero puedes decir que has debutado en el cine, pequeño sóviet.

Nicasio está maravillado y muy agradecido a Armand, que lo ha acogido como un miembro más de su familia y de la cofradía libertaria. Desde el asalto al Cuartel de la Montaña no había sentido nada semejante. Una pequeña chispa prende de nuevo dentro de él e imagina el futuro estreno del filme en el Capitol. Sentarse en una butaca y verse a sí mismo, aunque sea por unos breves instantes, en su gran pantalla magnoscópica, la de las grandes estrellas, aquella por la que han transitado también Ronald Colman, Robert Taylor, Charlot y tantos otros... Piensa en la cara que se le quedaría al pobre Matías si lo viese. Seguro que se le caería de las manos su novelucha picante al verlo surgir como un fantasma en blanco y negro de la luz del proyector.

El 1 de agosto, por la tarde, una docena de niños revoltosos suben a zancadas las escaleras del piso de Velázquez. Los reciben con los brazos abiertos Zenobia, su esposo, Luisa y Matilde. Algunos son muy pequeños, de apenas cinco o seis años. En sus rostros se aprecian los surcos que el destino ha grabado en sus vidas en estos últimos días: miedo, desamparo, hambre...

Muchos jamás han visto una vivienda con tantas comodidades y lujos, y no dejan de corretear de un cuarto a otro, como un enjambre de abejas, sin que sea posible poner orden para organizarlo todo. Algunos se han metido en el baño y no dejan de abrir grifos y vaciar la cisterna una y otra vez. Las tres mujeres intentan hacerse con ellos, que parece que enloqueciesen, como si todo el vigor del mundo corriese por sus venas.

—Ayúdanos, por favor —le suplica Zenobia al poeta, que contempla, divertido, la escena desde un rincón.

Juan Ramón coge a uno de los pequeños en el regazo y se acomoda en una silla. Comienza a recitar algunos versos con ese acento suyo tan particular. Inicialmente, los niños no le prestan atención, pero poco a poco se van calmando y, uno a uno, se sientan a su alrededor sobre el suelo alfombrado para escucharlo, como si su voz fuese un reclamo irresistible. Matilde asiste a la escena sorprendida, mientras Zenobia y Luisa sonríen. Cuando los tiene a todos a su alrededor, antes de que vuelvan a desbocarse, Juan Ramón consigue hechizarlos por completo.

—¿Sabéis quien es Platero?

—¡No! —chillan a la vez.

—¡Un fascista! —grita al fondo uno de los mayores, y niños y adultos rompen a reír, aunque en el rictus del poeta y de Zenobia se vislumbra cierto horror.

—No, no, Platero es un burro —les aclara Juan Ramón—. ¿Queréis que os cuente su historia?

—¡Sííííí!

—«Platero es pequeño, peludo, suave; tan blando por fuera, que se diría todo de algodón, que no lleva huesos. Solo los espejos de azabache de sus ojos son duros cual dos escarabajos de cristal negro. Lo dejo suelto, y se va al prado...».

Mientras el poeta prosigue con su relato, las mujeres se ponen manos a la obra y organizan los cuartos y los colchones atendiendo a las edades y necesidades de los niños. Al concluir van a la cocina, donde han preparado unas bandejas con la merienda y unos vasos de leche, y las sacan al salón ante la indiferencia de los pequeños, hipnotizados con la historia de Platero y con el acento andaluz del poeta, que les hace mucha gracia. Matilde no tarda mucho en mostrarse encandilada y Zenobia le hace un gesto a su esposo para que vaya terminando.

—«¡Cantad, soñad, niños pobres! Pronto, al amanecer vuestra adolescencia, la primavera os asustará, como un mendigo, enmascarada de invierno —concluye el poeta su relato—. En fin, tenemos que ir terminando».

—¡No! ¡Más! —gritan todos con indignación.

—Descuidad, mañana leeremos el siguiente capítulo.

—¿Y cómo se titula? —pregunta uno.

—«El eclipse» —responde Juan Ramón.

—¿Y eso qué es?

—Mañana os lo explicaré —ataja Juan Ramón, que no quiere prolongar la conversación, a la vista de la impaciencia de su mujer.

—¡Y ahora, a merendar! —los invita Zenobia, y todos se levantan con rapidez rodeando la mesa de las viandas como antes habían hecho con el poeta.

Mientras Luisa y Matilde intentan hacer el reparto de la merienda y atienden a los más pequeños, Zenobia se acerca a su esposo y lo abraza.

—¿Ves? Te dije que no encontrarías ningún problema. Tienes mucha mano con ellos.

—Un milagro, Zenobia, un milagro. Lástima que los adultos no atiendan al lenguaje de las palabras y solo sepan empuñar las armas.

—Lo sé, mi amor. Estos niños son la esperanza de todos nosotros, de nuestro país.

—Puede ser. La esperanza jamás se pierde, lo que dudo es si les quedará país que levantar —concluye el poeta con pesimismo.

Los niños más pequeños no dejan de sollozar, y Matilde y Luisa no logran calmarlos, pese a que llevan un buen rato intentándolo. Son más de las diez de la noche y en Madrid ha caído la noche por orden del Ministerio de Guerra, anunciada en los partes emitidos por la radio durante todo el día.

—¡Un eclipse, un eclipse! —gritan felices los niños, a los que el poeta ya ha explicado la naturaleza de ese fenómeno.

Esta vez, el eclipse gubernativo no es más que un ensayo por lo que pueda pasar en un futuro próximo, que muchos madrileños sospechan que es presente. La muerte llegará, más temprano o más tarde, todos lo saben, en forma de grandes resplandores desde el cielo estrellado y solo las tinieblas podrán derrotarlo.

A la tenue luz de una vela, Juan Ramón, sentado en su silla, con el libro en el regazo, pues la memoria le flaquea, sigue con el relato de *Platero*. Los niños y Zenobia, congregados en el suelo, atienden a sus saludables palabras, pese a que en ocasiones no las entiendan, en un vano intento de olvidar esa informe oscuridad que los amenaza.

—«... Caía la tarde de abril. Todo lo que en el poniente había sido cristal de oro, era luego cristal de plata, una alegoría, lisa y luminosa, de azucenas de cristal. Después el vasto cielo fue cual un zafiro transparente, trocado en esmeralda. Yo volvía triste...».

Zenobia considera que Madrid se ha vuelto también una ciudad de frágil cristal que puede romperse en mil añicos a la menor vibración. Entre las tinieblas se ve a sí misma caminando descalza por las calles, con los pies ensangrentados, heridos por los miles de astillas de cristal que las alfombran. Son las vidas de todos ellos, antes compactas y sólidas, que se han tornado quebradizas y se perdieron para siempre. Ella no se rinde, se arrodilla e intenta recoger todos esos fragmentos irregulares y afilados en el vuelo de su falda. Intenta salvarlos, pero no puede. Cada vez hay más y sus manos, llenas de cortes, no le responden. De improviso, un fulgor ilumina lentamente todas las calles, como un amanecer inesperado. Zenobia, cegada, alza sus manos para protegerse. El resplandor la alcanza y la baña con su luz mortal. Siente un terrible dolor, un dolor que sabe ya eterno. En unos segundos concluye todo y su cuerpo frágil revienta en cientos de pedazos de cristal.

—¿Estás bien?

Al escuchar la voz de su esposo, Zenobia despierta de su pesadilla. Todos los niños la miran con una sonrisa, esperando su respuesta.

—Sí, claro. ¿Por qué? —pregunta intentando sonreír.

—Estabas como ausente —le dice el poeta.

—Imposible con todos estos pillastres. Venga, es hora de acostarse, que van a ser las once.

Los niños se quejan sin mucho vigor, obedecen y se apiñan para darles a Juan Ramón y a su mujer un beso de buenas noches. Luisa y Matilde ya han dormido y acostado a los más pequeños, y el poeta aprovecha para hablar con ellas mientras Zenobia los arropa en sus camas.

—Luisa, ¿puedo pedirle un favor?

—Por supuesto, señor.

—No veo a la señora muy bien. ¿Podría quedarse usted esta noche con los niños?

—Me quedaré yo —se ofrece rauda Matilde, quien por Zenobia estaría dispuesta a cualquier cosa. Ha sabido por boca de Luisa que, pese a no disponer de dinero, decidió seguir contando con sus servicios; para poder darle de comer a los niños y a Matilde, cogió todas sus joyas y las empeñó en el Monte de Piedad. Su generosidad, como su bondad, no tiene límites.

Desde que los niños llegaron al piso de Velázquez, Zenobia se turna con Matilde y Luisa para pasar las noches con ellos. Juan Ramón también se ha ofrecido, y Zenobia no puede evitar reírse de él.

—Te lo agradezco mucho. Sé que te quieren, pero no te veo solucionando cualquier incidencia nocturna.

El poeta acepta con resignación la realidad que le pinta su mujer: no pasa por ser hombre práctico, nunca lo ha sido. Si no es por Zenobia, no sabe cómo habría podido ser su vida.

Todos se marchan, los niños duermen y Matilde se sienta en la silla que ocupó el poeta. Toma el libro y a la luz de la vela, siguiendo su dedo, intenta proseguir la lectura allí donde él la dejó. Le cuesta mucho, y las sílabas tardan en unirse para formar las palabras en sus labios. Pero lentamente y con tesón lo va consiguiendo. Las palabras del poeta son muy hermosas en su propia voz, pero aún lo son más en la de uno mismo, piensa Matilde feliz, olvidando durante unos instantes todas las preocupaciones que la asaltan, sobre todo la falta de noticias de su familia.

Un estruendo de sirenas se extiende por las calles alertando a los vecinos de la inminente llegada de los aviones de los sublevados, preñados de muerte y dolor, como jinetes del apocalipsis. Los madrileños, estremecidos, se transmutan momentáneamente en ratas asustadas y buscan a la carrera la oscura seguridad de las estaciones de metro, los sótanos o las carboneras.

Juan Ramón ha decidido emparejar a todos los niños y, cuando están esperando en la puerta para bajar, descubre que falta uno.

—¿Y Luisito? —pregunta a sus compañeros, que se miran entre ellos y encogen los hombros.

—¡Juan, vosotros id bajando a la carbonera! —ordena a uno de los mayores—. Yo lo buscaré.

Los niños salen de la mano y bajan muy lentamente las escaleras, como si sus suaves pisadas sobre los escalones pudiesen alertar a los pilotos de los Junkers alemanes que, según dicen, vuelan rumbo a la capital dispuestos a no dejar piedra sobre piedra.

El poeta busca por las habitaciones a Luisito. No quiere llamarlo a gritos para no asustarlo más. Finalmente lo encuentra bajo una cama. Lo coge en sus brazos, lo besa y sale por la puerta.

Cuando llega al portal, todos los niños se han metido ya por el portillo polvoriento del carbón. Juan Ramón introduce al pequeño y entra tras él. En tan terrible oscuridad el poeta solo escucha esos inmaduros corazones latiendo desbocados en los pechos encogidos por el miedo. El tiempo se detiene y las respiraciones se contienen ante lo que parece inevitable. Todos aguzan los oídos esperando el temible rumor de los motores. Silencio, y de pronto, nuevamente, el estruendo de las sirenas.

—Salgamos —ordena el poeta.

Los niños van saliendo de uno en uno, con cuidado de no golpearse con la portezuela de la carbonera. Juan Ramón es el último en hacerlo y surge a gatas, tiznado, de un color ceniciento.

—¡Platero, Platero! —grita uno de los más pequeños al verlo.

El resto de los niños se echa sobre el poeta para ser los primeros en cabalgarlo. Juan Ramón rueda con ellos sobre el suelo entre risas y gritos. En ese instante el portal se abre con un gran golpe y aparece Zenobia, con el rostro desencajado por la inquietud y el miedo, agotada de correr por las calles bajo el ulular de las sirenas antiaéreas.

—¡Ah, estupendo! ¡Yo preocupadísima y vosotros jugando! —les dice con rabia.

Los niños dejan las bromas y la observan estáticos. Nunca la habían visto tan enojada.

—Pero, Zenobia, si ha sido un simulacro —le dice Juan Ramón.

—¿Un simulacro? —pregunta mudando el gesto de enojo en uno de sorpresa.

—Sí. ¿No has escuchado la radio?

—No. ¡Llevo todo el día de acá para allá en busca de víveres para estas fieras! —le recrimina con los ojos llorosos.

Juan Ramón se acerca a ella, la besa en la frente y la abraza. Zenobia rompe a llorar sobre su pecho, desconsolada. Los niños contemplan la escena con un nudo en la garganta y, poco a poco, se van acercando a la pareja. Con cierto temor se suman a su abrazo y forman una gran piña en la que parecen a salvo de todo, de la barbarie de las bombas y de ese futuro incierto que se abre ante todos ellos entre la ceniza, la sangre y el aroma acre de la pólvora.

El rodaje continúa en los estudios Cinearte de la placita de Conde de Barajas. En su pequeño plató los carpinteros casi han acabado de construir todos los interiores de la película. Nicasio acompaña a Armand a inspeccionar los decorados y le provoca mucha gracia atravesarlos todos y saltar de la casa de los protagonistas, Pablo y Aurora, a los camerinos de la Venus Rubia y *monsieur* Marck en el teatro, pasar por un cabaré o entrar en la jaula de los leones.

—Habrá que esperar unos días. Han tenido problemas con los suministros —le dice el director al salir.

—¿Paramos entonces? —pregunta Nicasio.

—De ninguna manera. Detenerse, nunca; avanzar, siempre, pequeño sóviet. Faltan por rodar unas escenas en el Teatro Maravillas. Aprovecharemos que todavía está cerrado. Aunque tenemos otro problema...

—¿Cuál?

—El responsable de sonido.

—¿Qué le ocurre?

—Se ha ido a la sierra. Debemos buscar otro. Me han hablado muy bien de un compañero que está en una checa instalada en Velázquez.

—Pues habrá que ir a buscarlo.

—Sí, tengo el permiso de los camaradas para que se una a nosotros, pero debo acudir a una reunión con el productor. La película pende de un hilo.

—¿Entonces?

—Pensé que podrías ir tú con el aviso. Se llama Daniel Gutiérrez. Aquí tienes la documentación.

—Cuenta con ello.

—Gracias. Dile que se presente mañana a primera hora en el Maravillas.

Después de una larga caminata por una ciudad fantasmal, próximo el toque de queda de las once de la noche que convierte las calles en una llanura desoladora, Nicasio no tarda en localizar el comité anarquista de Velázquez, instalado en un pequeño palacete del que cuelgan dos sábanas pintadas de rojo y negro, los colores de los libertarios. En la fachada descubre varios impactos de bala y, cuando sube las escaleras, un miliciano armado aparece por la puerta y le da el alto fusil en mano.

—Traigo unos papeles para Daniel Gutiérrez de la calle Luna.

—No sé si llegarás tarde —advierte el miliciano bajando el arma.

—¿Qué ha pasado?

—Nos han atacado.

—¿Los sublevados?

—No. Algún bastardo comunista o socialista, vete tú a saber.

Nicasio se sorprende al escucharlo. Creía que comunistas, socialistas y anarquistas se enfrentaban a un enemigo común, los fascistas, y que, como aliados, no se dedicaban a matarse entre ellos. Sabía de su rivalidad y diferencias, pero pensaba que luchaban simplemente por el mando de la defensa de Madrid, por colgarse las medallas de su salvación; en ningún caso imaginó que llegasen al extremo de matarse, algo que, con toda seguridad, Matías rechazaría. Las cosas así no van nada bien, concluye.

Nicasio entra y descubre que ha sido otro el miliciano muerto en el ataque y no el responsable de sonido. Le trasmite el mensaje de Armand y le entrega los papeles para dárselos a su superior. Al salir se tropieza con un hombre muy delgado vestido con traje y sombrero. Está demudado y desorientado.

—¿Necesita ayuda? ¿Se encuentra bien? —le pregunta.

El hombre lo mira con unos ojos profundos que lo atraviesan.

—Sí, estoy bien, aunque tanta violencia me turba.

—¿Quiere que lo acompañe a casa?

—Gracias, chico, agradezco tu amabilidad. Es muy cerca de aquí.

Nicasio lo ayuda a llegar a un edificio situado unos portales más allá. Entra con él y lo guía escaleras arriba. Por el hueco baja un formidable estruendo de voces infantiles, bromas y risas.

Entre sofocos, el hombre llama a la puerta de una vivienda. Esta se abre con prontitud y surge un niño que enseguida se abalanza sobre él.

—¡Platero, Platero! —le grita apretándole las piernas.

Nicasio tiene que agarrarlo para que el ímpetu del niño no lo tire. Enseguida se juntan en el pasillo un montón de niños de las más variadas edades. Nicasio no entiende cómo este hombre de aspecto tan débil pudo concebir a tan ruidosa prole. Es entonces cuando la ve: inocente y lozana como una virgen en un retablo, Matilde sostiene a uno de los pequeños en brazos y le sonríe.

—¿Se encuentra bien el señor? —pregunta ella a Juan Ramón, al borde del desvanecimiento entre el tumulto de los muchachos.

—Sí, sí, gracias a este amable mozo que se llama... Sin él no sé qué habría sido de mí.

—Nicasio. Fue un placer ayudarlo —contesta ufano ante la presencia de Matilde.

—Pase si quiere. Los niños me esperan y no puedo faltar a mi cita antes de acostarlos. Ya ve cómo se ponen los inocentes.

Nicasio lo acompaña al butacón que preside el salón y lo ayuda a sentarse.

—Ya ve, el trono del poeta —comenta Juan Ramón con resignación.

Todo el rebaño infantil se sienta alrededor de él sobre la alfombra.

—Un vaso de agua, hija mía —le pide a Matilde.

Ella, con descaro, coloca el niño en los brazos de Nicasio, que no sabe muy bien qué hacer con él, y se va a la cocina.

Juan Ramón bebe a pequeños sorbos del vaso, aclara la garganta, toma el libro y comienza la lectura para sus encandilados oyentes.

—«El claro viento del mar sube por la costa roja, llega al prado de la atalaya, ríe entre las tiernas florecitas blancas; después se enreda por los pinares sin limpiar y mece, hinchándolas como velas sutiles, las encendidas telas de araña celestes, rosas de oro... Toda la tarde es ya viento marinero...».

Con el niño en brazos, Nicasio cae también bajo el embrujo del sentido relato, pero aún más bajo la mirada azabache de Matilde, que no se pierde ninguna de las mágicas palabras del poeta, como si quisiese apresarlas para siempre. «Ella sí que es viento marinero, florecita, tela de araña celeste», piensa el chico. La joven descubre la mirada anhelante de Nicasio y el arrebol se extiende como una fogata por su rostro. Un estremecimiento simultáneo recorre sus cuerpos precoces y los sorprende con una nueva sensación, extraña pero placentera. Juan Ramón, sin dejar de leer a su exigente público, sonríe al advertir esa corriente eléctrica que atraviesa a los jóvenes y que preñó el aire del anochecer de una tenue fragancia de tormenta. Sabe que su fuerza, la fuerza de ese amor que brota como una flor esplendorosa, puede alumbrar los rincones más sombríos del alma humana, incluso en estos tiempos oscuros que les ha tocado vivir.

Nicasio no le cuenta al director nada de su encuentro con Juan Ramón, al que muchos califican de santurrón. «La película ya no es tan importante», cavila; *monsieur* Marck llevaba razón cuando le habló aquella primera vez: en el cine todo es mentira, en él no hay verdad ni riesgo alguno. Es una trampa. Lo que siente por Matilde es verdadero y arriesgado, no existe engaño ni artificio. Pero tiene una deuda con Armand, un compromiso que cumplir. Muerto Matías, qué habría sido de él sin la ayuda de Armand. La lealtad, considera Nicasio, es innegociable, así que todos los días cumple con su trabajo y al terminar el rodaje en los estudios Cinearte corre camino de la calle Velázquez para ver a Matilde. Cegado por su amor, no se percata de los terribles acontecimientos que suceden en las calles de Madrid, del régimen de terror instaurado por grupos de incontrolados de todas las ideologías, que, borrachos de poder y rabia, asesinan a todos los que consideran traidores a su causa. Nicasio no oye los gritos, no ve la sangre, no saborea ni huele el miedo, no palpa la desesperación. Ciego ante el horror y la miseria, pone todos sus sentidos en los encantos de Matilde. El mundo que lo rodea se ha convertido en una gran sala de cine en cuya pantalla blanca solo se proyecta una y otra vez el rostro de su amada.

El chico se convierte en habitual de la vivienda de Velázquez. Conoce a Zenobia y a Luisa, y ayuda en todo lo que puede a Juan Ramón, que es quien más tiempo pasa con los pequeños huéspedes. Prepara meriendas, acuna niños, interviene en sus disputas, los consuela cuando recuerdan a sus familias perdidas o desaparecidas. Y a la vez, Nicasio no separa sus ojos de Matilde ni ella separa los suyos de él. Bromean, ríen, juegan, hablan... Son como dos niños más en ese precario oasis que Zenobia y el poeta han levantado en medio del caos y la tragedia.

Los niños no paran de travesear y revolotear todo el día. Solo la hora de la lectura del poeta es sagrada para ellos. Cuando ven que toma el libro y se acomoda en su butacón, todos se calman y escuchan con atención las aventuras y desventuras del burrito Platero. El día que Juan Ramón les relata con dulzura su muerte, lloran desconsolados; incluso Matilde busca consuelo sobre el pecho de un emocionado Nicasio, que intenta no soltar una lágrima. Uno de los más pequeños incluso se abalanza sobre Juan Ramón, golpeándole con sus pequeñas manos.

—¡Lo has matado, lo has matado! —le recrimina entre sollozos.

Zenobia entra y los encuentra a todos llorando; momentáneamente, se asusta, temerosa de que le haya ocurrido algo a alguno de los niños, pero al conocer la causa de tanta tristeza, fulmina a su esposo con la mirada.

Por la noche, los Jiménez cenan en silencio en la calle Padilla. Él come con total parsimonia, ajeno al enfado de Zenobia. Ella intenta contenerse, pero al final estalla.

—Ha sido una crueldad leerles a los niños la muerte de Platero.

—¿Crueldad, dices? La vida es cruel, y la guerra, y el amor... No veo por qué habría de mentirles.

—No digo que les mientas, solo que...

—¿Dulcificar la cicuta el poeta?

Zenobia calla. Se percata de que Juan Ramón está hondamente preocupado. Algo lo atormenta. Una sombra funesta se abate sobre él. Y eso que la presencia de los niños le ha dulcificado su terrible carácter y su habitual mutismo.

—Tenemos que marcharnos —dice él por fin.

—¿Adónde?

—Lejos de todo esto.

El matrimonio conversa un buen rato a oscuras. Zenobia se acuesta, agotada, y el poeta permanece en su despacho, trabajando hasta bien entrada la madrugada. Al día siguiente, cuando se levantan, la dolorosa decisión está tomada. El incidente con los anarquistas ha resultado definitivo: Juan Ramón y Zenobia dejarán España. El poeta está indignado, rabiosamente dolido porque ahora se dude de él, de su lealtad a la República, y porque se le acuse de ser uno de esos santurrones de Acción Católica;

a él, que desde que dejó los jesuitas de niño no quiso saber nada de ninguna religión que no fuese la Poesía.

—Lo siento mucho por los niños, les he tomado mucho cariño —comenta.

—Yo también. No te preocupes, me encargaré de buscarles otro hogar. Además, con el resto del dinero de mis joyas les podremos dejar una pequeña renta.

—He hablado con el amigo Rivas Cherif para citarnos con el presidente Azaña y solicitarle que nos permita salir hacia Estados Unidos, como tú deseabas, y así visitar a tu familia.

—De acuerdo, hablaré con Luisa y Matilde y organizaremos todo.

—Zenobia, he pensado en darles, como despedida, una alegría a los niños.

—No estamos para dispendios, Juan Ramón, lo sabes.

—No he gastado más que unas horas de sueño, un poco de tinta y de papel. Mira. —Juan Ramón le acerca unas cuartillas manuscritas. Zenobia las toma y las examina por encima.

—¡Oh, Juan Ramón, qué maravilla! ¿Cómo se te ha ocurrido?

El poeta, azorado, permanece callado unos instantes.

—¿Qué? ¿Qué te pasa?

—Recordé aquella vieja historia.

—¿Cuál?

—Ya sabes, no me la hagas nombrar de nuevo.

—¿A Georgina Hübner? —le pregunta sonriendo.

—Sí, ella. ¡Quién va a ser si no! —responde enojado.

—Parece mentira que todavía estés avergonzado. Ha pasado mucho tiempo, un pecado de juventud sin importancia, Juan Ramón.

Matilde, que está poniendo la mesa, no puede evitar oír retazos de la conversación de la pareja y, con los nervios originados por la inesperada noticia, acaba por entender que dejan Madrid por culpa de la tal Georgina Hübner. De regreso en la cocina, memoriza el nombre, repitiéndolo varias veces para contárselo a Luisa. «¿Quién será esa maldita mujer que los obliga a dejar su país?», se pregunta Matilde, que comienza a pensar en su futuro cuando los Jiménez se marchen. ¿Y si Luisa se va también con ellos, adónde irá ella?

Por la noche, tras acostar a los niños, y antes de que Luisa regrese a la vivienda de Padilla, Matilde le cuenta todo lo que ha escuchado.

—Sabes que no me gustan los cotilleos —le reprocha Luisa.

—¡Pero se van!

—Lo sé. Era una cuestión de tiempo.

—¿Y tú te marchas con ellos?

—¿Yo? Pero, mujer, ¿adónde voy a ir yo?

—¡La culpa de todo la tiene esa mala pécora de Georgina Hübner! —maldice Matilde.

Al escuchar ese nombre, Luisa estalla en una sonora carcajada.

—Pero ¡mira que eres tonta!

—¡Oye!

—Ella no es la causa. Eso es una vieja historia.

—Pues el señor parecía irritado.

—¡Y no me extraña!

—Cuenta, vamos —insiste Matilde.

Luisa se hace de rogar, pero al final decide contarle la historia.

—Júrame que no saldrá de aquí.

—Te lo juro —dice Matilde haciendo la señal de la cruz sobre su pecho.

—El señor a los veinte años se carteó con una joven limeña.

—¿Li... qué?

—Del Perú.

—¿Y eso dónde está?

—Es un país de América, mujer.

—Bueno, ¡no soy tan viajada como tú! —replica Matilde.

—Pues, como te decía, se trataba de una ferviente admiradora. Le mandó una carta al señor declarándole su amor incondicional y solicitándole algunos de sus libros, que eran difíciles de encontrar en su país. Comenzaron a cartearse, se enamoraron y el señor, que era entonces un joven bastante inocente, decidió cruzar el mar para ir en su busca.

—¿Y qué pasó? —pregunta Matilde, impaciente por conocer el final de la romántica historia.

—Llegó un cablegrama de allende los mares informando de que la chica había muerto.

—¡Oh, qué desgracia!

—El señor, muy afectado por la pérdida, escribió un poema dirigido al cielo de Lima, donde vivía su ángel.

—¡Qué pena más grande! —se lamenta Matilde.

—Pero Georgina no había muerto, y no sabía nada del amor del señor.

—¿Cómo? —pregunta Matilde asombrada por el giro de los acontecimientos.

—Dos jovencitos, admiradores del señor Jiménez, habían usado su nombre y escrito aquellas cartas.

—¡Qué truhanes! ¿Y el señor qué hizo con ellos?

—Nada, todavía conserva aquellas cartas perfumadas en su despacho, atadas con una cinta de raso.

—¡Qué bondad!

—Aún hay más: una vez que vinieron a entrevistarlo, el plumilla le preguntó por Georgina y el poema. Y yo, que estaba haciendo mis tareas en la casa, no pude evitar escuchar su respuesta... —Luisa hace una pausa dramática como las que le ha escuchado tantas veces al poeta cuando recita.

—¿Cuál?

—Le dijo más o menos, no lo recuerdo muy bien: «Yo amé a esa mujer, llenó un vacío que yo sentía en mi pecho, y para mí existió. Doy gracias a los que la inventaron».

—¡Un santo, el señor es un santo! —exclama Matilde, emocionada por la respuesta del poeta.

Cuando Nicasio conoce la noticia de la marcha de Juan Ramón y Zenobia, se le viene el mundo encima. Teme que Matilde los acompañe y no volver a verla nunca más. En los últimos días se han hecho muchas confidencias: ella le habló de Manzanares; él de Galicia, de la siega, de su huida..., cosas que ni siquiera llegó a contar a su querido Matías. Matilde está fascinada con que trabaje en el mundo del cine, y él, encantado, le va narrando, con algún adorno de su invención, todas las incidencias del rodaje y lo que sucede en el estudio. Cuando por fin ella lo saca de su error y le confirma que no se marcha con ellos, Nicasio se alegra como nunca y besa sus mejillas coloradas.

Azaña recibe al poeta acompañado por su cuñado Rivas Cheriff y se muestra de acuerdo con su marcha.

—Luchamos en dos frentes: en el de las trincheras y en el de la opinión pública. La República precisa de intelectuales y artistas leales que, desde el exterior, den testimonio moral de lo que está ocurriendo aquí —les expresó con gravedad el presidente desde detrás de sus gafas redondas.

Para facilitarle la salida, el gobierno nombra a Juan Ramón agregado cultural en la embajada española en Washington, un puesto honorífico que les permitirá obtener pasaportes diplomáticos a él y a Zenobia. El poeta acude a recogerlos a la comisaría de la calle Leganitos y de regreso se encuentra con el poeta Rafael Alberti y su compañera María León, que saben de su partida. Alberti le ofrece una guardia de milicianos comunistas para que protejan su casa del barrio de Salamanca de cualquier acto de pillaje.

—Muchas gracias, pero ni mis bienes ni mi persona merecen tal protección. En estos momentos existen intereses mucho más importantes —rechaza el ofrecimiento, con sincera humildad, Juan Ramón.

Al llegar a casa al mediodía, el poeta informa de todo a Zenobia y le anuncia que al día siguiente un automóvil los llevará hasta Valencia.

—¿Mañana? —pregunta ella sorprendida por tanta precipitación.

—Sí, Azaña ha dicho que debe hacerse de inmediato. La caída de Madrid puede ser cosa de días.

—¡Dios mío! ¿Y los niños?

—Las autoridades se harán cargo de ellos y los trasladarán.

—¿Qué será de ellos?

—¿Y qué será de nosotros, Zenobia, qué será de todos, qué será de nuestra España?

La pareja se abraza mientras las sombras de la noche se abaten sobre las calles de la capital como negros presagios.

A la mañana siguiente, los niños, convocados alrededor de Juan Ramón, atienden emocionados la lectura que les hace de las hermosas y cariñosas cartas de sus padres. Los mayores descubren de inmediato el engaño, pero no dicen nada, no quieren chafar la ilusión que les hace a los más pequeños y —aunque nunca lo confesarán— también a ellos mismos. Luisa y Zenobia asisten emocionadas a la escena. La mujer del poeta nota cómo la voz de su esposo se quiebra por momentos. Pese a que los niños no lo saben, es el momento de la despedida.

—Pero ¡si mi madre no sabe escribir! —se queja el más espabilado de los mocosos cuando termina la lectura de su carta.

Juan Ramón, desconcertado, mira a Zenobia, que tarda un segundo en reaccionar y salir del paso como mejor sabe.

—Hay gente que las escribe por los demás. Si uno acude a ellos y les dicta la cartas, ellos se la transcriben.

—Sí, es cierto, yo lo he visto. Y también hay quien se las lee a los que no saben. En mi casa bajaba un vecino, cobrador de la luz, y nos leía las cartas de un tío mío que emigró a América —miente Luisa lanzando una mirada de complicidad a su señora, que le agradece sus palabras con una leve inclinación de la cabeza.

—Incluso podía darse el caso de que ni quien escribía la carta ni quien la leía fuesen de la familia —les aclara Juan Ramón.

—¿Y vosotros sabéis leer y escribir? —les pregunta Zenobia.

—¡Síííí! —chillan todos, aunque algunos rostros delaten más bien lo contrario.

—Muy bien. Y recordad siempre... —les pide el poeta, dejando el final de la frase en el aire.

—¡Amor y poesía cada día! —gritan de nuevo todos juntos.

Luego, Juan Ramón les entrega a cada uno su carta y los besa en la frente. Zenobia y él habían acordado no decirles nada para evitar el drama de la separación. Se quedarán a cargo de Luisa y Matilde, y en unos días un transporte los trasladará a todos a Cataluña, lejos de un Madrid que aguarda el ataque definitivo de las tropas de los sublevados, cada vez más próximas.

Cuando ya han alcanzado el pasillo, uno de los más pequeños sale tras el poeta y lo agarra de las piernas, como si sospechase algo.

—¡Platero, Platero! —le grita.

Luisa va tras él y lo coge en el regazo. Zenobia y Juan Ramón, desalentados, bajan del brazo las escaleras. Ya en la calle miran hacia las ventanas de la vivienda y ven todas aquellas caritas sonrientes diciéndoles adiós con las manos. Matilde y el coche los esperan en el portal de Padilla con sus dos maletas, en las que llevan unas mudas, unos trajes y sus anillos de boda escondidos, por lo que pueda pasar. Ese es todo su equipaje para un viaje del que no saben si retornarán.

—Muchas gracias por todo, Matilde —le agradece Zenobia abrazándola.

—Gracias a usted, señora —añade ella, incapaz de contener las lágrimas.

—¿Y Nicasio? —pregunta el poeta.

—No lo sé —responde la muchacha separándose de Zenobia—. Quedó en venir para despedirse. Algo lo habrá entretenido. ¿No pueden esperar unos instantes?

—Lo siento, tenemos que partir —señala Zenobia desde el interior del automóvil.

—Tengo un regalo para vosotros —anuncia el poeta.

—No era necesario, señor.

—Aquí tienes, hija mía. —Juan Ramón le entrega dos libros que saca del bolsillo de su chaqueta—. Sería un fatuo si los dos fuesen míos. Este, de mi buen amigo Antonio Machado, es para él; este otro, para ti. Adiós, Matilde.

—Adiós, señor —se despide ella con un beso, ajena a las formalidades.

Juan Ramón entra en el coche y cierra la puerta. Cuando el automóvil arranca, saca la cabeza por la ventanilla y le grita a Matilde:

—¡Dile a ese novio tuyo que el mejor regalo que me han hecho en toda mi vida fue un manojo de perejil! ¡Que no lo olvide!

—¡Lo haré, señor, no se preocupe!

El coche se pierde a lo lejos cuando Nicasio aparece corriendo.

—¿Se han ido? —pregunta casi sin fuerzas.

—Sí, ahora mismo.

—¡Oh, Dios! ¡Me entretuvieron unos malditos milicianos!

—Me ha dejado este libro para ti. —Matilde le entrega el libro y guarda el suyo con discreción bajo el delantal.

Nicasio se percata con decepción de que es de otro autor.

—Pero si no es suyo.

—Ya, pero me ha dejado unas palabras para ti.

—¿Sí? ¿Cuáles?

—Que el mejor regalo que le han hecho en toda su vida fue un manojo de perejil.

Nicasio medita unos instantes sobre esa frase, pero no alcanza a comprender su significado.

—¿Y tu libro?

—¿Qué libro? —responde ella un poco azorada.

—El que has escondido.

—No es nada, tonto.

—A ver, mujer —insiste él haciéndole cosquillas.

En la disputa, el libro cae al suelo y Nicasio se adelanta a recogerlo.

—¡Dámelo! —le exige ella.

Él se lo devuelve, avergonzado tras leer su título. Se hace el silencio y se miran fijamente. Lentamente se acercan el uno al otro, atraídos por una fuerza irresistible, y se besan por primera vez mientras las sirenas comienzan a sonar por toda la ciudad. El rugido de un avión resuena sobre sus cabezas. Algunos milicianos salen a la calle y pegan tiros al aire con sus fusiles como si pudiesen derribarlo. Del cielo empiezan a caer extraños copos de papel que poco a poco se posan en tejados, balcones y calles. Al pie de esas hojas que cubren el suelo se puede leer: «Madrileños: el día de vuestra libertad está muy próximo. Si queréis salvar la vida y evitaros prejuicios irreparables, entregaos sin condiciones a nuestra generosidad».

LA CONFIDENCIA DE LA ABUELA

Tras el entierro del abuelo, toda la familia se reunió en la casa de Manzanares. No parecía la misma que en aquella visita mía a hurtadillas. Alguien se había encargado de abrirla y limpiarla para la ocasión. En el salón, sobre una mesa gigantesca, se disponían pastas, café, leche y bebidas. Todo era luz en aquellas habitaciones que yo había descubierto semanas atrás entre tinieblas, pobladas de muebles fantasmales. La selva del jardín había desaparecido. Casi había recuperado su antiguo esplendor. Me asaltaron muchos recuerdos; solo faltaba la cuidada huerta del abuelo, con repollos y tomates creciendo contra la tapia, y todo estaría como lo recordaba.

Procuré no acercarme a los cretinos de mis primos, que se habían apoderado del jardín como habían hecho siempre en mi infancia, ajenos a las advertencias del abuelo. Para librarme de ellos, no tuve más opción que permanecer en el salón con los mayores. El aire resultaba pesado, casi irrespirable, y todavía se notaba un leve olor a humedad y a moho. Una extraña tensión planeaba entre todos los hijos, nueras, hijas y yernos del abuelo Nicasio, que iba en aumento cada vez que se cruzaban alguna palabra. Aquella caldera podía explotar en cualquier momento, y yo no quería presenciar el estallido. Además, mi incursión en la casa, con aviso policial incluido, había inflamado aún más los ánimos. Mi padre intentaba hacer de árbitro y sacaba temas de conversación intrascendentes que no comprometiesen a nadie. Todos contestaban con monosílabos o frases cortas; todos aparentaban tener prisa, pero había algo que parecía retenerlos allí contra su propia voluntad, una cuestión pendiente en la que parecía irles la vida.

—¿Qué vamos a hacer? —preguntó por fin mi tía Amalia, iniciando las hostilidades.

—Este no es el momento, mujer —se quejó mi madre con amargura y cierta sorpresa.

—No lo hay mejor. ¿Cuánto tiempo llevábamos sin reunirnos? —replicó Amalia.

—Mucho, demasiado.

—Yo también creo que es mejor que lo dejéis para más adelante —intervino mi padre, conciliador.

—Tú no te metas, que aquí no tienes nada —zanjó mi tío Manuel de muy malos modos.

—Solo quería... —comenzó a explicarse mi padre.

—¡Que te calles, hombre!

—¿Quieres tranquilizarte, Manuel? —intentó poner paz mi tío Ramiro.

—Sí, hombre, el que faltaba —comentó con desdén la mujer de Manuel.

—Estabas mucho mejor calladito. A saber qué andarías buscando en la casa el otro día —terció Amalia.

—¡Ya os dije en el tanatorio que hacía años que no pisaba esta casa! ¡Ni siquiera tengo llaves! —gritó Ramiro.

—Seguro —dijo la mujer de Manuel con ironía.

—Este lugar lleva años arruinándose por vuestra culpa. ¡Sois unos codiciosos! —les recriminó Ramiro.

—¡Y a ti qué más te da, si con todo lo que nos debes no te toca nada! —le reprochó Amalia.

La situación se fue poniendo cada vez más tensa. Todos gritaban; algunos llegaron incluso a encararse como gallos de pelea. De haber estado allí, el abuelo Nicasio habría zanjado la discusión soltando su acostumbrada frase: «El mejor regalo que me han hecho en toda mi vida fue un manojo de perejil».

Con el estruendo de la disputa, hasta mis primos aparecieron por el salón para asistir a aquel combate de pesos pesados. Y todo, en parte, por mi culpa. Mi incursión en la casa había levantado un cúmulo de sospechas que había agravado más su relación. Todo lo que llevaban años sin decirse lo soltaban ahora en una cascada de gritos y ofensas. Estaba a punto de confesar mi crimen para que se calmasen cuando, por encima de sus recriminaciones y reproches, surgió la voz resuelta de mi madre.

—¡Sois todos unos miserables! ¡Le prendo fuego! ¡Os juro que la quemo, malnacidos! —amenazó fuera de sí.

Todos se callaron y observaron a mi madre, la hermana pequeña, la inofensiva, con los ojos llenos de ira. Por primera vez en la vida les había hecho frente. Por primera vez se había impuesto.

Mi padre se dirigió a ella, le pasó el brazo por encima del hombro para calmarla y la sacó de allí como quien rescata a un náufrago en medio de una galerna. Yo los seguí y nos marchamos de regreso a Madrid.

En el automóvil yo iba un poco apenado, no por la bronca de mis tíos, sino porque era consciente de que nunca más pondría el pie en la que había sido la casa del abuelo Nicasio. Allí se quedaban muchos recuerdos de mi infancia, buenos y malos, de esos que no se pueden conservar en una caja de hojalata, de esos que el tiempo va borrando hasta convertir en una desvaída fotografía en blanco y negro. Por otra parte me sentía muy orgulloso de mi madre: ella, la pequeña del clan, por una vez había vencido a sus hermanos. Sospeché, sin embargo, que el precio a pagar sería bien alto para ella, para todos nosotros.

Al llegar a casa, mi madre dijo que se iba a acostar. Mi padre se repantingó en el sofá del salón a ver una película y yo me encerré en mi cuarto. Cogí el móvil de la mesilla de noche y lo observé. Llevaba apagado desde mi tontería de la víspera. Dudé, pero sabía que no podía esconderme de Gala para siempre. Lo encendí y descubrí un montón de *wasaps*. En el instituto se había corrido la voz de la muerte de mi abuelo y todos eran mensajes de ánimo de amigos y compañeros. Todos excepto uno, el que más temía.

Se trataba del emoticono de la bomba a punto de estallar. Y no había una sola bomba, sino cinco.

No entendía muy bien lo me quería decir Gala, pero supuse que mi declaración de amor había resultado para ella como un puñado de explosivos. No era una buena señal. No sabía qué hacer, no quería perderla, al menos como amiga; en lo otro ya había perdido cualquier esperanza. Debía hablar con ella. Nada de mensajitos, necesitaba oír su voz. Así que, nervioso, me tumbé en la cama y la llamé.

—Lo siento mucho, no sé qué me pasó —le dije sin preámbulos en cuanto descolgó, después de cuatro largos zumbidos que se me hicieron eternos.

—Es que no me lo esperaba. Nada más.

—Estoy pasando un mal momento.

—Ya lo imagino, Nico.

—Fue una idiotez. Lo siento de verdad.

—Pero tú... —comenzó a decir ella.

—¿Yo qué?

—¿Sientes algo por mí?

—Sí, no sé, supongo... ¿Y tú? —me atreví a preguntarle con un arrojo que no sabía que tenía.

Durante unos instantes ella no dijo nada y percibí que su respiración al otro lado, a cientos de kilómetros de distancia, se aceleraba.

—No, sí, supongo...

Sonreí; ella, quise creer, también sonreía.

—¿Y qué vamos a hacer? —le pregunté.

—Olvidarlo. Estamos muy lejos, demasiado.

—Cuando hablamos es como si estuviésemos juntos, muy cerca uno del otro.

—Eso no es suficiente, Nico. Lo sabes.

—Para mí sí.

—Ya, pero no sé si para mí...

Los dos permanecimos en silencio, como dos contrincantes que se observan y valoran sus opciones y estrategias antes de comenzar la lucha. Quizá el amor sea eso: una lucha constante en la que siempre hay que estar al acecho.

—¿Qué vas a hacer con los recuerdos? —preguntó ella.

—¿Con qué? —dije yo, perdido en mis cavilaciones amorosas.

—Con los papeles de la caja de tu abuelo y tus pesquisas.

—No lo sé. Ahora no tienen mucho sentido; todo ha terminado. Además, hay muchos cabos sueltos y casi todo son conjeturas.

—Al contrario, ahora son más importantes que nunca. Es el legado de tu abuelo; tú lo encontraste.

—Puede ser...

—Tengo que colgar.

—Está bien. Ya hablaremos.

—Sí, hablamos. Adiós.

Permanecí un momento con el móvil en la oreja como si fuese capaz de escuchar el eco de su voz en medio del zumbido de las ondas telefónicas. Quizá ella tuviese razón y aquella lata de papeles que escondía bajo la cama cobrase mucha más importancia con la muerte del abuelo. No lo sabía. En mi interior notaba una maraña de sentimientos que no podía desenredar. Pese a todo, decidí coger de nuevo la caja por si encontraba algún consuelo en su contenido.

La vacié sobre la cama para revisarla y descubrí que todavía pesaba bastante. Vi entonces que en el fondo se había quedado encajado lo que parecía un libro. ¡Cómo no lo había visto antes! Estaba tan obsesionado con los papeles en la bolsa de plástico que lo había ignorado por completo. Tiré del volumen con fuerza y se desgajó; al introducirlo allí, el abuelo había tenido que empujar bien, pues era más ancho que la lata. La cubierta y las pocas hojas que pude salvar estaban amarillentas y muy estropeadas; casi todo había quedado pegado al fondo, hecho un amasijo. Se trataba de *Diario de un poeta recién casado*, de Juan Ramón Jiménez. Aparecía 1916 como el año de publicación, y lo más asombroso es que venía dedicado dos veces a una Matilde que solo podía ser la abuela. La primera dedicatoria era de su autor, cosa que entraba dentro de lo normal. Lo extraordinario resultaba que la segunda fuese de mi abuelo Nicasio; poseía una rúbrica inconfundible, y decía:

«Con mi amor eterno, le devuelvo este libro a Matilde, que volvió del infierno a por él y a por mí».

Ahora sí que no entendía nada.

Sentí pasos en el pasillo y unos golpecitos en mi puerta. Guardé a toda velocidad los papeles en la caja, excepto el libro, y la metí debajo de la cama.

—Adelante —dije mientras deslizaba el libro bajo la almohada.

La puerta se abrió y entró mi padre.

—Me voy a acostar, y tú deberías hacer lo mismo. ¿Estás bien?

Su pregunta me desarmó. ¿Tenía que hablar de lo que sentía por alguien, de Gala, de todo lo que había ocurrido estas semanas, de mis pesquisas...? No sabía muy bien. Pero era él a quien tenía más a mano, y en el lugar y el momento justos.

—¿Puedo hablar contigo un momento?

—Claro. ¿De qué se trata? —dijo sentándose en la silla de mi escritorio.

No sabía por dónde comenzar. No quería contarle lo de la casa de Manzanares ni el descubrimiento de la caja del abuelo. Lo que en verdad me preocupaba era lo de Gala. Mi padre, más avispado que de costumbre, se percató de mis dudas, probó suerte y acertó a la primera.

—¿Se trata de una chica?

—Sí.

—¿Del instituto?

—No.

—¿De dónde?

—De Santiago.

—¿De Compostela? —me preguntó con asombro.

—Sí, la conocí por internet.

Le desgrané la historia omitiendo todo lo relacionado con el abuelo, pese a que me disgustaba mentirle. A medida que hablaba, vi cómo mi padre abandonaba su gesto de sorpresa, mudándolo en complicidad. Al parecer, me entendía perfectamente. Como si él hubiese vivido algo semejante. Cada uno de sus gestos y miradas desbordaban comprensión, consuelo y cariño.

—Te voy a contar una cosa. Es algo que juré no contar, pero creo que quien me lo contó lo hizo con el mismo propósito, y a lo mejor en unas circunstancias como las que estás pasando tú ahora...

—Tú me dirás —respondí impaciente.

—Tu abuela quiso compartir esta historia conmigo... En aquel tiempo, tu madre y yo pasábamos por algunos problemas; yo, además, trabajaba fuera.

—Ah, no sabía...

—Pasó antes de que nacieses. No te preocupes. Ahora todo va bien —aclaró con una sonrisa.

—Ya.

—Tu abuela Matilde me lo contó poco antes de morir, en el hospital. Sabes que pasó mucho tiempo internada. Todos en la familia nos turnábamos para acompañarla. Creo que tu madre y sus hermanos lo ignoran. Ya sabes que tu abuelo Nicasio era muy reservado en lo que se refería al pasado, y que la abuela Matilde, por complacerlo, supongo, tampoco hablaba nada de aquellos años terribles de la guerra.

—¿Es algo que nunca le has contado a mamá? —le pregunté sorprendido.

—Pues no. Lo fui dejando y al final carecía de sentido. No sé, las cosas de familia son muy complejas. Pero supongo que es hora de contárselo a alguien, ya que los dos están muertos.

Intenté contener la emoción por conocer de inmediato y de primera mano todo aquello sobre lo que eran solo conjeturas y suposiciones.

—Tu abuela procedía de Manzanares, y sus padres, para protegerla de los combates en el pueblo los primeros días del golpe de estado del treinta y seis, la mandaron a Madrid a casa de...

Mi padre relató la historia atropelladamente, a un ritmo un poco acelerado; era fácil apreciar que la llevaba dentro desde hacía mucho tiempo y que necesitaba liberarse. Yo escuchaba cada una de sus palabras con cierta incredulidad. La historia de cómo se conocieron los abuelos durante la guerra era de película...

—Luego vendría la terrible posguerra, su reencuentro, el matrimonio, el regreso a Manzanares, los hijos... y toda una vida juntos —concluyó mi padre.

Como en muchas otras ocasiones, pensé que la realidad superaba a la ficción. No podía entender cómo mi padre se había callado ese relato durante tanto tiempo sin compartirlo ni siquiera con mi madre.

—Vaya historia, no sé por qué nunca la contaron.

—Cosas de la gente de aquel tiempo. Lo pasaron tan mal que querían olvidarlo todo.

—Pues es sorprendente.

—Lo es, sí, pero yo siempre desconfié de lo que me había contado de Juan Ramón Jiménez y Zenobia, su mujer. Me pareció siempre un poco inverosímil todo eso de la guardería...

—Pues no imagino por qué lo hizo —afirmé sabiendo que aquella parte, por lo menos, debía de ser cierta, tan cierta como que estaba sentando sobre el libro que el poeta le había dedicado a mi abuela.

—No sé. Había pasado mucho tiempo, ella se estaba muriendo y a lo mejor mezcló realidad y ficción. Ve tú a saber...

—Puede ser, sí...

—Espero que te sirva de algo. A mí en aquel momento me ayudó, aunque no fuese del todo verdad.

—Sí, seguro que sí —dije, pensando ahora más en la caja de hojalata y en el libro que en mi situación con Gala.

—Hay algo más —comentó antes de salir.

—¿Qué?

—Tu abuela me repitió varias veces que enamorarse en tiempos de guerra no había sido lo peor.

—¿No?

—No. Lo peor fue seguir enamorados en aquella terrible paz que vino después. Buenas noches, hijo —se despidió.

—Buenas noches, papá.

En cuanto oí que se metía en su dormitorio, tomé el libro y lo acaricié. La abuela no había mentido: yo sostenía la prueba entre mis manos. Cogí la caja de hojalata y vertí de nuevo su contenido sobre la cama. Buscaba algo más que confirmase el relato de la abuela. Pero antes de revisarlo todo detenidamente, le mandé un *wasap* a Gala. Era algo melodramático, pero me inspiré en la frase de la abuela Matilde:

—En la guerra o en la paz, lucharé por ti, Gala.

Apagué el móvil y me puse a repasar los recuerdos del abuelo. Allí estaban los dediles de caña, el recorte con la noticia del *ABC*, la fotografía de la Venus Rubia, la postal del cine Capitol y pocas cosas más, como una hoja arrancada de un viejo libro de historia en la que aparecían dos estampas sobre unos generales muertos durante una guerra carlista. No pude adivinar a cuento de qué venía esa página, pero no parecía muy relevante. Todo, al parecer, conformaba un gran rompecabezas.

El libro estropeado de Juan Ramón Jiménez se había convertido en la última pista para cerrar el círculo, así que me conecté a la red para conocer un poco más sobre él. Para mí solo se trataba del autor de *Platero y yo*. Encontré que el volumen de la lata lo había publicado la editorial Calleja tras su viaje de bodas a Nueva York con Zenobia Camprubí y su descubrimiento del mar. Había supuesto todo un cambio en su escritura y una revolución en la poesía española de aquella época. Leí sobre sus encontronazos con otros escritores, el exilio americano y su historia de amor con Zenobia, una mujer moderna e independiente que no casaba mucho con el poeta, aquel hombre insulso de las fotos que más parecía su padre o el maestro de una alumna aventajada. Apunté la referencia de varios de sus libros, y especialmente de los diarios de Zenobia, para pedirlos en la biblioteca. Realmente resultó ser ella la que me dejó fascinado. Una adelantada a su tiempo, pionera del feminismo en España y fundadora del Lyceum Club de Madrid, junto con otras mujeres de la época, como la abogada y política Victoria Kent, la pedagoga María de Maeztu o la diplomática Isabel Oyarzábal... Se trataba de una asociación con una intensa actividad cultural, social y política que siempre actuaba en defensa de la causa femenina y de la que los hombres no podían ser socios, algo entonces inaudito. Los más conservadores calificaban al liceo y a sus socias con el despectivo nombre de «Club de las maridas».

Busqué en internet las biografías de algunas de esas mujeres progresistas, luchadoras y cultas. Me sorprendí imaginándolas en Estados Unidos o en Inglaterra, pero no en la España de la época. Casi todas habían tenido que huir en el año treinta y seis, y murieron en el exilio sin regresar jamás. Comenzaba a entrever que, entre muchas otras, unas de las mayores víctimas de la guerra civil habían sido las mujeres y los derechos que habían conquistado durante la República.

Estas eran todas las piezas de mi rompecabezas, que parecía que comenzaban a encajar gracias a lo que me había contado mi padre sobre la confesión de la abuela Matilde. Pero estaba seguro de que me faltaban todavía varias piezas. El viaje parecía acercarse al final. Un viaje que había comenzado setenta y siete años atrás parecía terminar sin obtener todas las respuestas.

Mientras cavilaba en todo esto, mi móvil vibró por sorpresa sobre la cama, pues yo creía haberlo apagado. Era un *wasap* de Gala:

—No será necesario. Me rindo sin condiciones ☺

NO PASARÁN

En Madrid, a comienzos de septiembre, escasea la comida. No hay huevos, azúcar ni patatas, y la carne se reserva para los enfermos o para los heridos que llegan del frente. En cuanto se corre por cualquier barrio la voz de que este o aquel comercio va a recibir provisiones, se forman largas hileras de gente desde la madrugada, aglomeraciones que provocan altercados y disputas: mujeres empujándose e insultándose, niños arañándose... Muchas familias pasan el día arrastrando los pies de tienda en tienda en busca de víveres, en una peregrinación que suele concluir sin recompensa. Los madrileños tienen hambre, y los leones de *monsieur* Marck mucha más.

Una desgracia está a punto de ocurrir en los estudios Cinearte durante el rodaje de una de las escenas con Marlene y las fieras. El domador tiene que emplearse a fondo con el látigo, pues uno de los leones, a los que Marck conoce como si fuesen sus propios hijos, intenta devorar uno de los torneados muslos de la Venus francesa. Todos en el estudio se quedan estremecidos ante los rugidos del animal y su fiereza. Hasta el momento se habían mostrado perezosos y pasivos, tanto que costaba hacerlos moverse y saltar de un pedestal a otro para las escenas, por lo que era necesario repetir varias tomas.

—¡Esto no puede continuar así! —se queja el francés al director.

—Lo sé, pero poco puedo hacer, *monsieur*... —se excusa Armand, consciente de que debe buscar una solución.

—Yo no puedo hacer más en estas condiciones. La responsabilidad es toda suya.

Es fácil augurar que en cualquier momento Marlene se negará a entrar en la jaula con las bestias y la película se frustrará. Todo pende de un hilo y Armand lo sabe. Intentará arreglarlo antes de que los franceses decidan comunicárselo al productor.

Nicasio lo acompaña en busca de carne al mercado negro. Aunque el precio es asumible, son muchos los kilos que necesitan para dar de comer a las fieras.

—¡Ni que comiesen caviar! —exclama el director.

Finalmente, Armand, a través de sus compañeros del Sindicato Único de Gastronomía, consigue un suministro escaso pero diario de carne hasta que termine de filmar las escenas con los animales. Eso sí, deja a deber unos cuantos favores y alguna promesa, como llevar de visita al rodaje a un pequeño grupo del sindicato y presentarles a Marlene Grey.

Las jornadas de filmación resultan extenuantes y se prolongan hasta bien entrada la noche. Armand quiere terminar y acudir al frente. Además, el presupuesto del productor ha menguado considerablemente desde el estallido de la sublevación. Nicasio es testigo de alguna de sus discusiones, cada vez más habituales.

—¡Tus camaradas se incautaron de varios de mis teatros y cines! Y si no recaudo, no tengo dinero. Da gracias de que podamos seguir adelante —profiere Arturo Cuadrado.

—Si seguimos así, yo abandono —amenaza el director.

—Pues adviérteles a tus amigos que aflojen el dinero. Que muy libertarios, pero bien que cobran a los milicianos la entrada.

Las discusiones siempre terminan en tablas. Ni Armand va a abandonar ni el productor parará el rodaje después de invertir tanto dinero. Nicasio sabe que quedan pocas secuencias por filmar, aunque una de ellas es de las más complejas, por la cantidad de figurantes y actores que participan. Se desarrolla en un cabaré donde los protagonistas acuden a ver la actuación y el baile de Tina. Ahora, a causa de los amaños del productor, habrá que incorporar un par de números más: una canción de un barítono que participa como actor y hace de amante de Tina, y otra de un imitador.

—Eso va a desequilibrar la película. Yo soy responsable del guion —se queja Armand cuando Cuadrado le comunica la noticia.

—Para eso está el montaje, ¿no?

—¿Pretende que los corte?

—No, que no se te ocurra. Los agentes de ambos han puesto sus duros para que aparezcan..., pero ¿cuántas veces lo hemos hablado?

—Es usted un perro viejo, Cuadrado.

—No, soy un productor viejo —le replica, y ambos estallan en una carcajada.

Siempre que tiene oportunidad, Nicasio se escapa a la calle Padilla y visita a Matilde. Ella se resiste a salir a solas con él, y por mucho que él insiste, ella se niega.

—Es que es muy peligroso —se excusa siempre la joven, asustada desde que, a finales de agosto, escuchó el eco de las explosiones de los primeros bombardeos sobre la ciudad.

De tal modo que pasan las horas hablando en el salón de los Jiménez, en compañía de Luisa. Nicasio, que se quedó con ganas de conocer todas las andanzas del burrito, le pide a Luisa un libro para leerlo. Ella, celosa de los papeles del poeta, va a su despacho, cerrado a cal y canto desde su marcha, y coge un ejemplar. Nicasio lo guarda en el bolsillo para llevárselo, y ellas lo animan para que les lea en voz alta, como hacía el señor.

—¿Por dónde empiezo? —pregunta halagado por la solicitud de las chicas.

—¿Por dónde va a ser? Por donde comienza todo, por el principio —ríe Luisa.

—«Platero es pequeño, peludo, suave; tan blando por fuera, que se diría todo de algodón, que no lleva huesos. Solo los espejos de azabache de sus ojos son duros cual dos escarabajos de cristal negro. Lo dejo suelto, y se va al prado...».

Matilde y Luisa se miran con los ojos llorosos. El recuerdo de aquellos niños que habían sido como sus hijos durante un mes viene a ellas, y las devora la inquietud por saber de su destino.

El rodaje de *Carne de fieras* termina y Nicasio no sabe qué será de él. Tiene que abandonar la casa de Armand y de su mujer, que hasta ahora ha derrochado amabilidad. Se ha percatado de que comienza a hartarse de su presencia y de que ocupe el cuarto de su hija, que se ve obligada a dormir con sus padres. El director le ha ofrecido un puesto en el equipo que está formando para ir a filmar a la sierra y le insiste continuamente para que le dé una respuesta.

—Te lo agradezco, Armand, pero no sé qué haré.

—Estaría muy contento de que vinieses. ¡Es el momento de estar allí y de recoger la brava lucha del pueblo, camarada! La causa necesita toda la ayuda posible.

—Debo pensar otras cosas...

—Es esa niña del barrio de Salamanca, ¿no? —le reprocha Armand.

Nicasio no responde. No quiere discutir con él, pero ya tiene decidido abandonar su casa y buscar un refugio. Un día, a la salida del rodaje, se encamina a Cuatro Caminos y no a Padilla, como acostumbra. Cuando llega al último escalón y se planta ante la buhardilla que compartió con Matías, el corazón parece salírsele del pecho. No había vuelto desde su muerte. La puerta está entreabierta y la cerradura reventada. No le extraña; todo el edificio parece abandonado, incluso la pequeña mercería del bajo. Ha habido miserables que, ante la huida de mucha gente de la ciudad, aprovecharon para ir robando de casa en casa. En las guerras, la condición humana se pone a prueba, y junto a las muestras más extraordinarias de valentía y desinterés conviven los actos más infames y ruines.

Nicasio empuja la puerta con cuidado. La vivienda está revuelta. No falta nada de importancia, fundamentalmente porque el pobre Matías no tenía nada de valor. Solo echa en falta sus noveluchas, que se amontonaban en un estante ahora vacío. Quizá a los asaltantes también les gustasen las historias picantes, o simplemente pensaron revenderlas.

Mira debajo de su catre, levanta una tabla suelta y encuentra los tesoros que tanto extrañó: la noticia del *ABC* de su padre, los dediles de caña, la página del libro de Calleja y aquella foto de Marlene recortada de una revista de variedades.

Pese al toque de queda, Armand y el equipo de la película celebran en un oscuro tugurio de una calle trasera de la Gran Vía el final del rodaje y, sobre todo, la despedida de Marlene Grey y de *monsieur* Marck, que regresan con sus leones a Francia. A la fiesta acude el equipo al completo y muchos amigos de la farándula. Se mezclan canciones, chanzas y bailes, y Tina de Jarque se luce cantando encima de una mesa.

—¡*Madre, cómprame un negro, cómprame un negro en el bazar! Que baile el charlestón y que toque en la jazz-band. Madre, yo quiero un negro, yo quiero un negro para bailar!* —corean los presentes mientras Tina los anima alzando sus largos brazos entre el espeso humo del local.

Nicasio, melancólico, contempla la escena desde un rincón. Recuerda aquella primera borrachera en compañía de Matías la noche que conoció a la Venus Rubia y conversó con el domador. Es similar a esta; solo los fusiles apoyados en las mesas y las pistolas al cinto marcan la diferencia.

—¡Cómo va, camarada! —le saluda alguien con una palmada en la espalda.

Nicasio se gira y se encuentra con Luis, el portero del Maravillas.

—Aquí me tienes, celebrando que me quedo sin trabajo —contesta con desazón.

—Hombre, siempre puede aparecer algo...

—Tú me dirás.

—El Capitol va a reabrir.

—Pero ¿no se ha incautado el Gobierno de él?

—Sí, el Servicio de Propaganda. En unos días se celebrará la reapertura con un grandioso filme de nuestros camaradas rusos. ¿Te gustaría estar presente como acomodador?

—¡Nada me gustaría más!

—El viernes preséntate al encargado. Dile que vas de mi parte.

—¿El encargado? No era muy amigo mío.

—No, ese no. Ese está criando malvas. ¿Tienes carné, no?

—Sí, de la CNT.

—Vaya, nadie es perfecto —ríe Luis—. ¡Brindemos!

Los dos alzan sus vasos y los chocan.

—¡Por la revolución! —brinda Luis.

—¡Por Matías! —añade Nicasio.

De madrugada, dos espectaculares automóviles americanos, un Packard y un Graham Paige, permanecen estacionados ante una sede de la CNT. Ambos llevan las siglas del sindicato, con letras blancas, en su portezuelas. Sobre sus capós se amontonan numerosos bártulos: cámaras, mantas, cajas con víveres... El equipo de rodaje de Armand está a punto de partir hacia Toledo, donde se producen violentos combates con los sublevados, atrincherados en el Alcázar. El director ha hecho un guion técnico de lo que pretende filmar y ha pensado en un título grandilocuente para sus documentales de guerra: *Gestas proletarias*. La docena de hombres y mujeres de la comitiva se despide de sus compañeros y se reparte en los automóviles. Nicasio contempla la escena con melancolía; él podría ser uno de ellos si no hubiese rechazado la oferta de Armand, que no oculta su disgusto.

—Es la hora de la despedida, pequeño sóviet.

—Adiós, Armand. Muchas gracias por todo. Siento haberte defraudado.

—Cada uno tiene que recorrer su camino, chico, y tomar sus decisiones. Cuídate mucho.

—Vosotros también. ¡Salud, camarada! —se despide Nicasio alzando su puño cerrado.

—¡Salud, compañero!

El automóvil se enciende y Armand sube en el Packard. Cuando va a arrancar, llama a Nicasio.

—Me olvidaba. Tengo dos pequeños regalos para ti —le confía el director, que le entrega una caja de hojalata.

—¿Y esto? —pregunta Nicasio sorprendido, la caja de galletas Artiach en las manos.

—Cosas de mi mujer. Te ha cogido cariño y no quiere que pases hambre —ríe Armand.

—¿Y el otro?

—Aquí tienes, para tu protección —sugiere Armand, ofreciéndole una pistola que toma por el cañón.

—No sé...

—¿No la reconoces?

—No.

—Era de Matías. La guardé desde que nos encontramos en el Cuartel de la Montaña. A él le hubiese gustado que la tuvieses. Eras su pequeño sóviet.

—Gracias, Armand —le agradece Nicasio. Coge el arma por la empuñadura y la introduce en un bolsillo.

El 18 de octubre es un día especial para Nicasio. Comienza su trabajo como acomodador en el Capitol gracias a la recomendación de Luis. No cabe en sí de gozo al verse reflejado en los espejos del vestíbulo del cine, adornado con docenas de banderas del Quinto Regimiento, llevando la chaquetilla que tantas veces le había visto a su querido Matías. Además, ha conseguido dos entradas para el estreno del filme ruso *Los marinos del Kronstadt* y ha convencido a Luisa y a Matilde para que acudan. Se trata de una sesión matinal organizada por el Servicio de Propaganda al que acudirá incluso el mismo presidente de la República. En las farolas de la Gran Vía se han colocado flechas rojas que conducen al cine, donde se ha colgado un enorme cartel de la película realizado por el famoso pintor Renau y presidido por una estrella y un puño rojo cerrado sobre un fondo de cañones que apuntan al cielo.

En el vestíbulo, a la entrada de las autoridades, una orquesta interpreta el himno de la República, así como el catalán y la canción vasca *Gernakiko Arbola*. Matilde y Luisa están maravilladas ante tanto fasto en tiempos de guerra. Nicasio, orgulloso, las toma del brazo y las conduce a sus asientos en el patio de butacas, rebosante de espectadores.

El estreno es un éxito y todo el público aplaude con entusiasmo. Nicasio se despide de Matilde en la entrada, quien le da un furtivo beso en los labios bajo la atenta mirada de Luisa, que sonríe con picardía. Más tarde, cuando termine con sus obligaciones, acudirá a comer con ellas a la calle Padilla.

Desde finales de octubre los bombardeos sobre Madrid son constantes, las sirenas retumban día y noche y los madrileños buscan refugio en las estaciones de metro y en los sótanos. Muchos monumentos, como la estatua de Cibeles, han sido cubiertos de ladrillos y tierra para protegerlos. Pese a todas las medidas de protección y defensa adoptadas, los muertos se cuentan por decenas, algo que —si se suman los que llegan del frente o mueren en los hospitales— provoca que los féretros se agoten, lo que obliga a enterrar a muchos con la simple protección de un sudario.

Una tarde más —como casi todas bajo el eco de las sirenas y las explosiones en algún barrio de la ciudad —, al salir del Capitol y antes del toque de queda, Nicasio acude a Padilla a visitar a Matilde. Cuando está a punto de llegar, observa que un automóvil arranca a toda velocidad delante del portal. Le resulta extraño ver circular así un coche particular, pero no le concede mayor importancia. A medida que se aproxima al edificio, un mal presagio se apodera de él. Saca del cinto la pistola de Matías y sube las escaleras de dos en dos. La puerta del primero izquierda está abierta de par en par. Nicasio se imagina lo peor.

—¡Matilde! ¡Luisa! Matilde! —grita con desesperación.

El salón está desordenado y un butacón, el viejo trono del poeta, aparece derribado en el suelo. Lo alcanzan unos ruidos provenientes de la cocina. Se encamina hacia ella y abre la puerta de una patada.

—¡Ah! —chilla Luisa, que calma una herida abierta en la mejilla junto al grifo.

—¿Qué ha pasado?

—Matilde... —murmura entre lágrimas.

—¿Dónde está?

—Se la han llevado —tartamudea Luisa.

—¿Quién?

Consciente de que en el estado en que se encuentra Luisa no obtendrá más información, Nicasio se calma, la sienta en una silla y busca una botella de licor en el salón. Regresa a la cocina, le sirve una copa y ella, después de unos sorbos, ya más tranquila, se explica.

—Llamaron a la puerta y ella pensó que eras tú... Eran sus hermanos. Venían para llevársela con ellos.

—¿Adónde?

—A territorio de los sublevados.

—¿Por qué?

Luisa no contesta. Da otro sorbo a la copa.

—Tú eres republicana...

—Esa parte de la familia no.

—Pero si mandaron a Matilde contigo...

—Precisamente. Como vieron que en Manzanares habían sido derrotados, temían represalias. ¡Qué mejor refugio que conmigo, en casa de un poeta leal a la República!

—¡Dios mío!

Nicasio no entiende por qué Matilde, entre tantas confidencias que le hizo, no le contó lo de su familia. Quizá se avergonzase tras descubrir cómo eran y qué pensaban Zenobia y Juan Ramón.

—Ella se resistió, pero no pudo hacer nada. Se la llevaron a rastras.

—¿Hacia dónde fueron?

—No lo sé, no lo sé... —confiesa la chica rompiendo a llorar.

—Pero ¡algo dirían!

—Quise impedírselo. Te juro que...

Nicasio entiende que ya no puede hacer nada y se despide de Luisa, prometiéndole que vendrá a visitarla. Baja las escaleras y, cuando llega al portal, Luisa lo llama desde arriba.

—¡Espera!

La chica desciende con esfuerzo los escalones. Trae algo en la mano.

—Toma —le dice, entregándole el libro que Juan Ramón le regaló a su prima cuando partió hacia el exilio—. Cuando la metían en el coche a empujones, me gritó algo que quería que te comunicase.

—¿Qué dijo?

—Que volvería a ti, que le guardases el libro. Que volvería a por él aunque fuese desde el infierno.

Nicasio toma el libro, lo acaricia y lo guarda antes de echarse a la calle.

En las jornadas siguientes recorre todos los lugares que se le ocurren en busca de Matilde. Comienza por hospitales y orfanatos, a ver si por casualidad acabó en alguno. No cree que un hatajo de fascistas en un automóvil hayan sido capaces de salir de Madrid, con la cantidad de controles de milicianos que hay por las calles.

Pero no hay rastro de ella.

Luego decide recorrer las checas y comités de vigilancia por si hubiese acabado en uno de sus temidos calabozos. El periplo es horripilante. Nicasio contempla cosas que nunca había imaginado. Muchos de aquellos que se llaman a sí mismos antifascistas y pretenden defender la libertad se comportan como los monstruos asesinos que combaten, los verdaderos fascistas. Están obsesionados con desenmascarar a esa fantasmal «quinta columna» de la que ha hablado el general Mola y que, dicen, tomará Madrid desde dentro. Un par de veces Nicasio está a punto de ser víctima de sus abusos y atropellos. En una de ellas su carné del sindicato le salva la vida, y en otra no le sirve de nada. En la checa del Cinema Europa, ante el temido y sanguinario doctor Muñiz, Nicasio no da nada por su vida. Por más que les explicó que trabajaba de acomodador en el Capitol para el Servicio de Propaganda y les habló de

Matías, no le creyeron. Mientras espera su sentencia escoltado en el sótano por dos milicianos, piensa que en caso de concluir todo, no está mal que suceda aquí, en un cine, y precisamente en este, en cuya entrada se lo encontró su protector aquella primera noche en Madrid, tras su huida de Arévalo.

De improviso, oye a lo lejos una voz y unas risotadas familiares. No se lo puede creer; esto sí que es un golpe de suerte extraordinario. Se levanta y comienza a gritar enfervorecido, mientras los milicianos tratan de reducirlo a golpes.

—¡Armand! ¡Armand! ¡Armand! —vocea antes de recibir un culatazo que lo derriba.

Dolido en el suelo, Nicasio ve descender por las escaleras al director, seguido de Muñiz.

—¡Nicasio! —exclama Armand.

—¿Conoces a este fascista? —pregunta Muñiz.

—¿Fascista? ¿El pequeño sóviet? ¡No me hagas reír, compañero! Participó en el asalto al Cuartel de la Montaña y fue ayudante mío. Su lealtad a la causa de los trabajadores está fuera de toda duda —explica con descaro el director ante el asombro de los milicianos.

Muñiz medita y dirige una mirada rabiosa a Nicasio. Este, desde el suelo, descubre el miedo en los ojos de Armand.

—Está bien, puedes llevártelo. Por los viejos tiempos —sentencia Muñiz.

Armand ayuda a Nicasio a levantarse y ambos salen de allí apresuradamente. No muy lejos del cine, entran en un bar para tomarse un trago.

—¡Por los pelos! —brinda Armand alzando su vaso y chocándolo con el del apesadumbrado Nicasio.

—Muchas gracias.

—Ese Muñiz es una mala bestia, una deshonra para el movimiento libertario. Pero precisamos hombres así, implacables con el enemigo.

Nicasio, que no quiere discutir con él, no tarda en cambiar de tema.

—¿Cuánto tiempo llevas en Madrid? ¿Vienes de la sierra?

—No. Hemos estado filmando a unos compañeros en Brihuega. Allí vi el futuro, Nicasio, el único camino que nos puede salvar: el comunismo libertario.

—¿Y la guerra?

—Para cuando venzamos. Tras la guerra vendrá la revolución. Verás...

Nicasio no da crédito a lo que está escuchando. Parece que Armand, de tanto mirar por el objetivo de su cámara, ha perdido toda noción de realidad. Como si no quisiese ver los terribles acontecimientos que suceden a su alrededor. Para no decepcionarlo, escucha lo que le cuenta de ese futuro que él considera un espejismo que pronto se desvanecerá bajo las bombas y los obuses de los fascistas.

—... en ese pequeño pueblo de la Alcarria, la miseria y el dinero han sido abolidos. Todo fue colectivizado: las tierras, los negocios, incluso la barbería donde me afeitaron. Como me dijo el barbero, allí los únicos «cuartos» que hay son los que da el reloj del ayuntamiento. Todos los vecinos tienen un carné de productores y pagan lo que necesitan con su trabajo. Han montado escuelas de alfabetización para pequeños y mayores, un taller de costura para las jovencitas... ¡Una maravilla!

—¿Cuántos días has estado?

—Cuatro jornadas gloriosas. Filmamos el trabajo de hombres y mujeres en las fincas y granjas incautadas por el sindicato en beneficio de toda la comunidad. Incluso reunimos a todos los niños, más de un ciento, y a sus maestras para que quedase grabada para siempre la alegría de sus rostros y la ilusión por una nueva vida social.

—¿Y ahora? ¿Vuelves al frente?

—No, salgo de viaje al extranjero.

—¿Adónde?

—A Francia. Una gira de propaganda del sindicato. ¿Quieres venir? Podría incluirte de ayudante mío, como cuando rodamos *Carne de fieras*.

—No, gracias, tengo que quedarme en Madrid.

—Entiendo. Es por aquella novia tuya... Matilde, se llamaba, ¿verdad? ¿Cómo está?

—Bien, bien —miente Nicasio.

—Entonces, adiós, pequeño sóviet. ¡Salud! —se despide Armand con el puño en alto.

—Adiós, y buen viaje —contesta Nicasio apoyado en la barra, sin hacer siquiera ademán de alzar su brazo.

Armand abandona el bar y en la puerta se cruza con los dos milicianos que custodiaban a Nicasio momentos antes en el sótano. Este, para evitar problemas, apura su vaso y se marcha, no sin antes saludarlos.

—Salud, camaradas —dice con desgana y sale, perdiéndose en las calles sombrías del barrio.

Madrid se prepara para lo inevitable, con las tropas fascistas a las puertas de la Casa de Campo y en la Ciudad Universitaria. Los madrileños, pese a los bombardeos y las cartillas de racionamiento, celebran cualquier pequeña alegría como una gran victoria. El 8 de noviembre, al atardecer, desde la entrada del Capitol, Nicasio presencia cómo cientos de alemanes y austríacos pertenecientes a las

Brigadas Internacionales desfilan entre los vivas y aplausos de la gente. Por unos instantes le parece vivir un sueño, como si volviesen los días anteriores a la guerra, cuando la Gran Vía era todo bullicio y felicidad. Estos días solo permanecen abiertas dos salas en toda la avenida, el Capitol y el Rialto, que, bajo el control del Servicio de Propaganda, proyectan en dos pases, a las 4.30 y 6.30 de la tarde, a un precio de 1,50 pesetas —solo una peseta para los milicianos con carné—, el filme soviético *Chapaief, el guerrillero rojo,* el preferido del camarada Stalin, según cuentan. A Nicasio, pese a las espectaculares batallas, la película no le gusta —«demasiados discursos y arengas, piensa»—, pero los milicianos están entusiasmados y, cuando el protagonista va a pronunciar su frase más famosa, todos se levantan a la vez con el puño alzado: «¡Rusia estaba sola y venció; nosotros tenemos a Rusia!», gritan enfervorecidos, para infundirse ánimos ante las jornadas de lucha que se avecinan.

Nicasio vive como un sonámbulo. Refugiado en la vieja buhardilla de Matías, solo sale para acudir a su trabajo en el cine o para visitar de cuando en cuando a la pobre Luisa, que tampoco puede sacarse a su prima de la cabeza. En una de esas visitas, al encontrarla más animada, piensa que ha tenido noticias de Matilde.

—No, querido, qué más quisiera yo. Tuve carta de la señora Zenobia.

—¿Dónde están?

—En Nueva York, inquietos por la suerte de Madrid y de muchos amigos, pero sin parar, haciendo actos y colectas para recaudar dinero para los huérfanos españoles.

—¿Han sabido algo de los niños?

—Sí, están todos sanos y salvos en un pueblecito cerca de Barcelona. El espabilado de Luisito ya habla catalán.

Después la visita y de las buenas noticias, que poco consuelo le brindan, Nicasio regresa apesadumbrado a su guarida en Cuatro Caminos. Tiene que resistir, por Matilde; él es el faro que guiará su regreso. Está seguro. Si resiste, ella volverá; por él, por su libro.

Días después, un nombre está en boca de los milicianos que acceden al Capitol bajo la mirada triste de Nicasio, que comprueba sus carnés en la entrada. Durruti, Durruti, Durruti... El legendario guerrillero anarquista ha entrado en Madrid la víspera con cientos de hombres, en una columna que todos denominan de la Victoria. Pareciera que solo él puede salvar Madrid. En la última sesión de ese día, los milicianos gritan más alto que nunca la frase del guerrillero ruso, con un añadido:

—¡Rusia estaba sola y venció; nosotros tenemos a Rusia y a Durruti!

A comienzos de diciembre, Madrid ha mudado en una ciudad fantasmal; ni siquiera es capital de la República, ya que el Gobierno se ha trasladado a Valencia. Tras días y días de intensos bombardeos indiscriminados que han segado la vida de cientos de civiles, y ante una toma inminente por los fascistas, las autoridades encargadas de su defensa ordenan una evacuación masiva, a la que muchos madrileños se resisten. Solo toman la salida de la ciudad hileras de camiones que transportan buena parte de los tesoros del Museo del Prado, que ha resultado víctima de las bombas de los Junkers alemanes junto con la Biblioteca Nacional, y muchos otros vehículos que llevan niños para ponerlos a salvo, sea en Valencia o en países amigos de la causa republicana, como Bélgica o México.

Bajo el eco mortal de las bombas que caen sobre la ciudad, Nicasio camina por una calle desierta ajeno a lo que acontece a su alrededor. Todo le da igual. Han pasado tres meses y Matilde no ha vuelto. Él ya ha perdido la guerra. No puede más, se rinde. Sin querer, tropieza con los raíles del tranvía y cae de bruces sobre el pavimento enlosado. Levanta la cabeza con desgana y su vista se topa al fondo con uno de los grandes arcos que dan a la plaza Mayor. Un poco antes de llegar a él, una pancarta atraviesa la calle y se balancea con una brisa preñada de un hedor a putrefacción y carne quemada. Grandes letras negras sobre ella proclaman: «No Pasarán».

Nicasio comienza a sollozar; por él, por Matías, por todas las víctimas de esta guerra infame y atroz. Y llora también por su cobardía, por no haber ido tras Matilde, pero ¿adónde? Si fuese en su busca, seguro que no se encontrarían. La única posibilidad que tiene es esperarla, resistir como sea hasta su regreso, y encontrarla un día en el piso de Padilla o en la entrada del Capitol.

No puede rendirse. Recuerda de nuevo sus palabras. Es la única esperanza que le queda, lo único a lo que poder aferrarse. Echa mano al bolsillo de su tabardo y allí están, juntos, los dos libritos, el de Machado y el de Juan Ramón Jiménez, como algún día lo estarán ellos.

Mientras se levanta, sueña con que los fascistas no pasarán. Matilde sí lo hará: cumplirá su promesa, volverá y él le devolverá su libro. Las sirenas resuenan con intensidad por toda la ciudad, y los topos que la habitan comienzan a salir de sus oscuras madrigueras tras el ataque. Hace frío y Nicasio alza las solapas de su tabardo. El invierno, el más terrible invierno de su vida, se acerca a grandes zancadas.

epílogo

He llegado agotado al final de mi aventura a través del pasado. A fin de cuentas se trataba no solo de revelar parte de la vida de mi abuelo Nicasio, sino también de la abuela Matilde, de mis padres y de toda la familia. Y luego estaba mi relación con Gala, claro. Sin ella, sin sus ánimos y su generosidad, no habría juntado casi todas las piezas del rompecabezas. No soy el mismo que cuando comencé, y quiero pensar que mis padres y Gala tampoco.

Mi padre me había confesado que los abuelos se intercambiaron un regalo atípico el día de su humilde boda: unos libros. Tendrían poco que ofrecerse y, pese a todo, decidieron casarse en los años más duros de la posguerra. La abuela Matilde recibió de su esposo un libro de Machado; el abuelo Nicasio, el libro de Juan Ramón Jiménez que yo había encontrado en la lata, publicado en otro país y en otro tiempo, que en nada se parecía al que entonces estaban viviendo ellos. Por lo que había investigado, Machado había sido buen amigo y compañero en la defensa de la causa republicana de Juan Ramón Jiménez. Juntos habían firmado aquel primer manifiesto aparecido en la prensa madrileña el 31 de julio de 1936 y que decía de forma breve y contundente:

«Los firmantes declaramos que, ante la contienda que se está ventilando en España, estamos del lado del Gobierno y del pueblo, que con heroísmo ejemplar lucha por sus libertades».

Por lo que sabía, ambos volúmenes, el de Juan Ramón y el de Machado, se habían convertido en valiosas primeras ediciones. Todo esto lo descubrí cuando el abuelo ya había muerto. Mis tíos discutieron por los libros, como habían hecho por la casa de Manzanares, como hicieron por todo. Pero los libros no aparecieron. Mi tío Manuel, mi tía Amalia y sus hijos acusaron a mi tío Ramiro, como siempre. De esto me enteré por casualidad al escuchar a mi madre charlando por teléfono, muy enojada, a las pocas semanas del entierro. Siempre me pregunté por qué el abuelo no había escondido juntos estos dos libritos, estos dos maravillosos recuerdos, en su caja de hojalata, a salvo de los buitres de sus propios hijos. Una pena.

En verano me marché de vacaciones a Andalucía con mis padres y me olvidé un poco de toda la historia del abuelo. Pero durante el viaje el azar me llevó a tropezar con ella de nuevo. Yo me sentía enfadado con ellos, pues había propuesto ir a Galicia. Mi madre se había negado. Me lo explicó y, en cierta manera, la entendí.

—Lo siento, Nico, tienes que comprenderlo. Para mí sería demasiado doloroso en estas circunstancias.

—Ya, pero...

—Es la tierra del abuelo... Quizá el verano que viene, ¿de acuerdo?

—Está bien.

Yo lo había organizado todo para encontrarme con Gala en Santiago. Cuando se lo conté por Skype, ella le restó importancia.

—Son unos meses de retraso, nada más.

—Ya, pero me fastidia.

—Piensa que el curso que viene, en Navidad, los de bachillerato siempre van de excursión a Madrid una semana y podremos vernos.

—Se me va a hacer eterno —me quejé.

—A mí también. Pero recuerda lo que dijo tu abuela.

—En la guerra o en la paz...

—... lucharé por ti —concluyó Gala, que cerró la conexión con una sonrisa y un beso.

Descubrí que Moguer quedaba muy cerca de donde estábamos, y les insistí a mis padres para acercarnos. Quería visitar la casa natal de Juan Ramón Jiménez, donde tenía la sede su fundación y la de Zenobia. No sabía bien por qué, quizá como un último homenaje a los abuelos o como un intento desesperado de atar los cabos sueltos de su pasado.

Fue mi insistencia durante días, mientras recorríamos las provincias de Huelva y de Cádiz con un calor sofocante, la que hizo que mi madre se soltase la lengua y que por fin apareciese la pieza crucial del rompecabezas de la historia del abuelo. La que la había iniciado y la que le ponía punto final: el manojo de perejil.

—No sabía que te gustase tanto la poesía, y mucho menos la de Juan Ramón Jiménez —dijo mi madre algo desconcertada mientras conducía por la autovía, ante mi insistencia en ir a Moguer.

—Y no me gusta —le respondí.

—El chico estará enamorado —comentó mi padre riendo entre dientes.

—¡Papá! —me quejé. Habíamos prometido no revelar nada de los secretos que nos confiamos: él no contaría nada de Gala y yo haría lo mismo con la historia que me contó de la abuela.

—No sé qué os pasa a los hombres de esta familia con Moguer, de verdad. ¡Es que tenéis una fijación! —atajó mi madre.

—¿Y eso? —pregunté, sorprendido por el comentario.

—Tu abuelo... —contestó mi padre en un descuido.

—¿Qué pasa con el abuelo?

Mi padre calló, culpable, y miró a mi madre. Supongo que se sentía avergonzado. Mantenía un secreto que no le había revelado a ella, pero sí a mí, y ahora, sin embargo, desvelaba algo que al parecer no era de mi incumbencia.

—Ya es mayor, mujer, puedes contárselo.

—Ocurrió hace años —comenzó ella—. Debió de ser en 2008. Tú no te acuerdas, eras muy pequeño.

—En 2007, que ese año estuvo ingresado con la neumonía —apuntó mi padre, quien, pese a su habitual despiste, para las fechas y cifras se comportaba como un ordenador personal.

—Sí, tienes razón.

—¿Qué pasó? —insistí intrigado.

—Desapareció —contestó ella.

—¿Cómo?

—Lo que oyes. Se marchó de casa sin dar cuenta a nadie. Tú tía Amalia casi se muere del disgusto, la pobre.

Todo un drama. Lo denunciamos a la policía, hubo batidas por los alrededores de Manzanares por si se había extraviado, y pegada de carteles con su foto.

—Hasta salió en los informativos de televisión —añadió mi padre.

—Pues bien, tras cuatro días de búsqueda, al final apareció algo desorientado.

—¿Dónde?

—En un banco de la estación de autobuses de Huelva.

—¿Huelva?

—Sí, en Huelva, a cientos de kilómetros de casa. Nadie sabía cómo había llegado allí.

—¿Qué hizo esos cuatro días?

—Nunca lo dijo. La única pista fue un billete de autobús que llevaba en la chaqueta.

—¿Un billete adónde?

—De ida y vuelta a Moguer, desde Huelva.

—¿Para qué?

Mi madre se encogió de hombros ante mi pregunta.

—Yo siempre creí que buscaba un viejo amor de juventud —intervino mi padre sonriendo.

Yo sabía que eso no podía ser. Estaba seguro de que el verdadero amor del abuelo había sido siempre la abuela Matilde. No había otra. No podía haberla. Si no, nada de lo descubierto tendría sentido.

—No seas tonto —le recriminó mi madre—. Por más que se lo preguntamos, no dijo nada. Incluso cuando lo interrogó la policía para su informe.

—¿No contó nada de nada? —pregunté intrigado.

—Ni media palabra, ya sabes cómo era de tozudo. Solo dijo que era algo que debía hacer antes de morir.

—Solamente repitió su frase... —aclaró mi padre.

—«El mejor regalo de mi vida fue un manojo de perejil...» —completé.

En ese instante no me percaté, y ni se me pasó por la cabeza lo que sucedería en el museo y en el cementerio. El museo, que había abierto al poco de morir Juan Ramón Jiménez, ocupaba una gran casa de dos pisos, encalada de blanco y con un patio interior cerrado con una cubierta de cristal. Poseía también una huerta con corrales y una estatua de Platero. Todo el bajo estaba atestado de estanterías y armarios llenos de libros y revistas, más de diez mil ejemplares. El poeta debía guardarlo todo, como esa gente mayor que acumula basura en sus casas hasta que son incapaces de entrar o salir y tienen que acudir los bomberos a rescatarlos.

En el primer piso había muchos más libros. Ediciones muy variadas y en muchas lenguas de sus títulos, así como su escritorio y su máquina de escribir. Me hizo mucha gracia que encima de una chimenea permaneciese enmarcado el telegrama con el que le comunicaban la concesión del Premio Nobel de 1956. Y en un armario descubrí un montón de trajes que le habían pertenecido, lo que resultaba macabro.

Mi madre se detuvo ante los lienzos que colgaban de las paredes y le comentó a mi padre el valor que podrían tener algunos. Enumeró una serie de nombres de pintores, del que solo me sonaba Joaquín Sorolla.

Ya nos marchábamos cuando me fijé en una vitrina que contenía varias joyas. Me aproximé a ella y me quedé absorto. Según explicaba un cartelito, los premios que otorgaba la fundación anualmente se llamaban Perejil de Plata. Consistían en un pequeño alfiler con forma de manojo de perejil que llevaba inscrito el lema de Juan Ramón: «Amor y Poesía cada día». La nota añadía que el perejil era empleado por el poeta como símbolo y anagrama en muchas de sus publicaciones, a la manera de los antiguos espartanos, que acostumbraban a entregarlo a los mejores guerreros como reconocimiento. La información concluía con una cita del poeta: «Honor fugaz y máximo, como a un lacedemonio». Pertenecía al capítulo ciento veintiuno de *Platero y yo*.

Asombrado por mi descubrimiento, tras visitar la fundación quedamos en encontrarnos en la terraza de la plaza en la que habíamos aparcado el coche. Mientras mis padres daban un paseo por las callejuelas blancas, me dirigí al cementerio guiándome por un plano que cogí en el propio museo. De camino entré en varias fruterías con intención de hacerme con un manojo de perejil, pero no lo encontré en ninguna, quizá porque era verano, época de gazpacho, y debía de estar muy solicitado.

Bajo el abrasador sol, en el laberinto de mármol del camposanto, no tardé en localizar la tumba. Sabía que estaba al lado de un crucero que se atisbaba desde lejos, descollando entre los panteones. El sepulcro, de granito, me pareció muy sencillo, y en la lápida, bajo una gran cruz, grabados en relieve, figuraban solo los nombres de pila de Zenobia y Juan Ramón, con la fecha de su muerte.

No había nada extraño ni sentí nada especial ante la sepultura. Decepcionado, ya a punto de marcharme, advertí que en un lateral, entre el borde de la tumba y un seto de mirto, brotaba a la sombra una mata de perejil muy verde. Di una vuelta por los alrededores. En ninguna otra tumba crecía perejil. Volví junto a Zenobia y Juan Ramón y sonreí. Estaba seguro de que lo había plantado el abuelo Nicasio. Aquella huida suya fue para venir hasta aquí. Si un manojo de perejil era el mejor regalo, el más grande honor entre los espartanos, también podía ser la mejor ofrenda. Estaba deseoso de llegar al hotel y relatárselo todo a Gala.

Las vacaciones terminaron y el verano también. Llegó el otoño y con él un nuevo curso, el último antes de la universidad, y un nuevo Día de Todos los Santos. Mi madre, como hacía siempre, acudió al cementerio a llevar flores a todos los muertos de la familia. En esta ocasión también al abuelo Nicasio.

—¿Te acompaño?

—¿Quieres? —me preguntó sorprendida por mi ofrecimiento.

—Sí.

—Si no te importa, tengo que terminar un trabajo para la oficina. Y ya que tienes compañía... —se excusó mi padre para no acompañarnos.

—Está bien —aceptó mi madre. Cogió las flores que había comprado días antes y se dirigió a la puerta.

—Imagino que querrás contarle algo a tu madre —me murmuró mi padre cuando salía.

Entendí a qué hacía referencia y sonreí. Mientras bajábamos en el ascensor al garaje, mi madre refunfuñaba, enojada por la ausencia de mi padre, ignorante de nuestra pequeña emboscada.

Al abrir el automóvil, un viejo libro se salió de su bolso. Ella, azorada, lo recogió de inmediato, pero me dio tiempo a reconocerlo.

—¡Lo tenías tú! —exclamé.

—¿El qué? ¿De qué me hablas?

—Del libro de Machado del abuelo.

Mi madre calló y se hizo la sorprendida, pero no tardó en confesar. Por primera vez en mi vida le ganaba la partida.

—¿Y tú cómo lo sabes? Bueno... da lo mismo. Tus tíos no se lo merecían, Nico. Y yo lo necesitaba. De vez en cuando voy al cementerio y se lo leo a tus abuelos.

—¿Puedo verlo?

—Claro.

Busqué en las primeras hojas. Allí aparecía la doble dedicatoria: de Machado a Juan Ramón, del poeta a mi abuelo Nicasio.

—¿Y estas dedicatorias? —pregunté.

—No lo sé, siempre pensé que eran falsas. Un libro de Machado dedicado a otra persona y luego al abuelo...

—No creas —dije sonriendo.

—Cuando encontré el libro, haciendo limpieza en Manzanares, y le quise preguntar a tu abuelo, él no estaba para mucha conversación.

—No creas —repetí.

—¿Por qué lo dices? ¿Qué pasa?

—¿Quieres escuchar una historia?

—Tenemos prisa, Nico. Si salimos tarde, no lograremos aparcar en el cementerio.

—Es la historia de tu padre. Y también la de tu madre.

—Si es una broma, no le veo la gracia.

—No lo es.

—Está bien. Arranco y me lo cuentas de camino a Manzanares.

—No, espera —le dije, poniendo la mano sobre el volante, un gesto que la sorprendió.

Poco a poco comencé a desgranarle el resultado de mis pesquisas. También le confesé lo de mi entrada en la casa de Manzanares y el descubrimiento de la caja de hojalata con todos aquellos recuerdos dentro, le hablé del perejil que había encontrado en Moguer, de los libros intercambiados el día de su boda, le dije también que al regresar se la daría, que le pertenecía... Nadie mejor que ella para guardar la caja. Sin duda, al abuelo le hubiese gustado que ella la tuviese, y no el tío Manuel o la tía Amalia.

Durante mi relato, mi madre se asombró, lloró, se quejó y al final me abrazó con fuerza y me dio las gracias.

—¿No estás enfadada conmigo?

—¿Por lo de Manzanares?

—Sí. Pero, si no lo hubieses hecho, no estaríamos hablando.

—No. ¿Y con papá? ¿Tampoco estás enfadada con él?

—¿Por qué?

—Porque te ocultase de la historia de la abuela.

—¡Qué tontos sois los hombres a veces! —sonrió—. Ya sabía una parte, me la contó ella misma.

—Pero si a papá le dijo que...

—Ya. Nosotros entonces estábamos mal, y gracias a tu abuela y a su historia es por lo que tú estás aquí y tu padre y yo seguimos juntos. Siempre pensé que había fantaseado un poco para ayudarnos, pero que veo que con tus averiguaciones todo va encajando. Lo que no conoces es el final de la historia.

—¿Te refieres a cómo pudieron encontrarse de nuevo tras la guerra?

—La guerra aún no había concluido, aunque no sé la fecha exacta en que se encontraron. No me preguntes cómo, pero la abuela regresó desde el norte. Atravesó media España entre batallas y trincheras para llegar a un Madrid sitiado y reencontrarse con el abuelo. A saber las que tuvo que pasar, la pobre; de eso no me habló nunca, pero fui capaz de ver el terror y la náusea presentes en su mirada tanto tiempo después. Lo hizo todo por amor, por tu abuelo, sin importarle la distancia, los peligros ni los sacrificios.

—Debía ser una gran mujer.

—Sí que lo era. Tu abuelo se moría por ella. Para él supuso una tortura verla apagarse día a día como una vela.

—¿Qué hicieron cuando se reencontraron?

—Lo que hacen todos los novios: ir al cine y a bailar.

—¿En plena guerra? ¿Con los bombardeos?

—Pues sí. Me dijo que habían ido a un estreno al cine Capitol y a bailar a una iglesia cercana en la que habían montado un salón de baile.

Me quedé un rato callado. La clave, entendí, era la postal de *Tiempos modernos*. Yo había descubierto que la película se iba a estrenar el 19 de julio de 1936, pero, con la sublevación, no se hizo hasta abril del siguiente año. Tuvo que ser aquel el día en que ella regresó y se encontraron de nuevo, el día en que asistieron al estreno. ¡No cabía duda! Por eso había guardado la postal: aquel día la abuela había vuelto del infierno para estar con él, como le había escrito en la dedicatoria del libro de Juan Ramón. La historia resultaba más asombrosa de lo que había imaginado. Mi madre me sonrió y me acarició el cabello.

—No sabes lo mucho que te pareces a tu abuelo —dijo antes de arrancar el coche.

Salimos del garaje y tomamos el camino a Manzanares, el camino a la tumba de Nicasio y Matilde. Mientras conducía, en medio del escaso tráfico matutino, mi madre sollozaba de cuando en cuando. Yo, a su lado, miraba la carretera y consideraba que todo tocaba a su fin. O quizá no. Ya había planeado qué hacer al siguiente verano, en el que cumpliría dieciocho años y podría viajar solo. Aunque tendría que hablarlo con Gala. Ella quería que fuese a Galicia a conocer la tierra de mi abuelo y la casa de Rosalía de Castro en Padrón.

Pero antes de todo eso, estaba de camino a la tumba de los abuelos. Y pensé que cuando llegásemos le pediría a mi madre que guardase las flores que llevaba. Sacaría de la mochila el manojo de perejil que llevaba y lo posaría sobre sus lápidas.

Cuando regresamos a casa le entregué a mi madre la lata con los recuerdos del abuelo con mucha ceremonia. Semanas después, al comienzo del nuevo año, mi madre se presentó en mi habitación con un pequeño cuaderno.

—Toma. Es para ti.

Lo tomé entre las manos y me fijé en el título de la cubierta.

—¿Y esto?

—La historia de tu abuelo, la hemos escrito entre los dos, aunque he sido yo la que ha puesto las palabras. Le he dado muchos vueltas al título. Barajé un buen puñado pero ninguno me convencía. Hasta que un día, leyendo uno de los muchos libros sobre la guerra civil que consulté, di con un verso de catorce sílabas, un alejandrino, que me gustó mucho...

—¿De quién es? —la interrumpí.

—El verso estaba escrito a lápiz en un trozo de papel arrugado que fue hallado en el bolsillo del gabán de Antonio Machado cuando murió en el exilio, en la villa francesa de Colliure, tras huir de la barbarie de la guerra. En el papel, escritos con caligrafía temblorosa, había tres breves apuntes. El primero era aquello que decía Hamlet, el príncipe de Dinamarca, con la calavera en la mano en la obra de Shakespeare: «Ser o no ser». A continuación, figuraban unos viejos versos dedicados a la que fue el gran amor de su vida, la misteriosa Guiomar de sus poemas. Y, finalmente, el verso, quizá el comienzo de su último soneto, que robé para nuestro título: «Estos días azules y este sol de la infancia».

ÍNDICE